www.tredition.de

Detlef B. Fischer

Konfuzius und das alte China

www.tredition.de

© 2021 Detlef B. Fischer

Verlag und Druck:
tredition GmbH, Halenreie 40-44, 22359 Hamburg

ISBN
Paperback: 978-3-347-39223-6
Hardcover: 978-3-347-39224-3
e-Book: 978-3-347-39225-0

Inhalt

Detlef B. Fischer

Konfuzius
und das alte China

Einleitung

Jeder, der das China von heute verstehen will, muss sich mit dem alten, dem kaiserlichen China beschäftigen. Das Reich der Mitte, das seine spezifische Kultur im gesamten fernen Osten verbreitete, wurde maßgeblich von dem Moral- und Sittenlehrer Konfuzius und dessen Nachfolgern geprägt. Im Laufe von Jahrhunderten entwickelten die Chinesen, aufbauend auf den Lehren des Konfuzius, eine Kultur von ganz eigener Schönheit und unverwechselbarer Gestalt. Die Kultur des alten China war ganz anders aufgebaut, als die westliche Kultur. Die Chinesen hatten in der Organisation ihres Staates, in ihrer Gesellschaftsordnung, in der eigenwilligen Entwicklung ihrer, aus lauter Bildzeichen bestehenden Schrift, in ihrer Kunst und in ihren Religionen eine kulturelle Höhe erreicht, die der Europas lange Zeit überlegen war. Die Chinesen haben zahlreiche Erfindungen wesentlich früher als die Europäer hervorgebracht. Schon vor Christi Geburt kannten sie die Magnetnadel und nach 177 unserer Zeitrechnung auch die Technik des Buchdrucks. Manufakturen zur Fertigung von

Seidenstoffen, Porzellanwaren, Papier und manches andere haben sie lange vor den Europäern gegründet.

Die Chinesen haben eine hochzivilisierte Kultur geschaffen und auf dem soliden Fundament ihrer Religionen eine sittliche Kraft entfaltet, die in der Menschheitsgeschichte ihresgleichen sucht. China sah sich selbst nicht als Staat unter Staaten, sondern als den Staat schlechthin, als das ehrwürdige „Reich der Mitte", das allen anderen Staaten, Reichen, Völkern und Zivilisationen überlegen ist. Bereits in der Antike hat es nicht an zeitweilig intensiven Berührungen mit dem Abendland gefehlt. China pflegte zur Zeit des römischen Reiches über die Seidenstraße lebhaften Handel mit Vorderasien und Europa. Im 13. Jahrhundert lebten bereits Perser, Araber und Europäer am chinesischen Kaiserhof. Vom 16. Jahrhundert an begannen Portugiesen, Spanier, Holländer, Engländer und Deutsche einen ausgedehnten Handelsverkehr mit den großen chinesischen Küstenstädten. Schon seit 635 haben christliche Missionare westliches Wissen und europäische Bildung in China verbreitet, aber wesentliche, tiefgreifende Wirkungen auf die Kultur und das Leben der Bevölkerung sind durch diese Einflüsse nicht ausgeübt worden. Die Chinesen waren sich sehr wohl bewusst, dass sie den westlichen Völkern an intellektueller Begabung und im Hinblick auf ihre sittlich-religiöse Entwicklung in keiner Weise nachstehen. Man übernahm von den „Barbaren des Westens" allerlei nützliche Kenntnisse, ließ sich um derer willen auch die Missionare gefallen, dachte im Grunde aber stets so über sie, wie Kaiser K'ang-shi (1662-1722) es einmal ausdrückte: „Diese unwissenden

Barbaren wollen uns zu ihrer Religion und zu ihren albernen Hirngespinsten bekehren, ohne imstande zu sein, den tiefsten Sinn unserer heiligen Schriften zu verstehen. Sie verkennen die einzig heilsame Lehre kindlichen Gehorsams; wie hätten sie sonst auch Vater, Mutter, Freundschaft und Verwandtschaft verlassen können, um in das Reich der Mitte zu kommen?" Dieses Selbstverständnis, Mittelpunkt und kultureller Gipfel der ganzen Welt zu sein, blieb auch dann noch erhalten, als sich die Machtverhältnisse im Reich stark zugunsten der fremden Mächte im Reich verschoben hatten. Noch im Jahre 1895 schrieb der chinesische Reformer Kang-Nu-Wei in einer Denkschrift: „An Sittlichkeit und Lebensweisheit kann uns der Westen nichts geben, was wir nicht schon in Konfuzius hätten."

Tatsächlich ist Meister Kung-fu tse, den wir im Westen als Konfuzius kennen, die zentrale Figur der chinesischen Geistes- und Kulturgeschichte. Kein einzelner anderer Mensch hat das chinesische Reich so nachhaltig beeinflusst wie Konfuzius. In einer kaiserlichen Inschrift aus dem Jahre 1468 am Tempel des Konfuzius heißt es denn auch: „Seit Konfuzius sind über zehn Dynastien vergangen. Wie weise oder unweise die Herrscher auch waren, sie stützten sich beim Regieren doch alle auf seine Lehre." Dabei war die von ihm begründete Philosophenschule zu seinen Lebzeiten nur eine unter vielen im chinesischen Reich. Erst in der Han-Zeit (*206 v. Chr. bis 220 n. Chr.*) stieg die Schulrichtung des Konfuzius zur Staatsideologie auf, und es entstand das, was wir heute den Konfuzianismus nennen. Der Gründer der Han-Dynastie brachte im Jahre 195 v. Chr. am Grabe des Konfuzius ein Schlachtopfer dar und erwies ihm damit göttliche Ehrerbietung. Im Jahre 145 v. Chr. wurde ihm dort der erste Tempel errichtet. Im Laufe der Jahrhunderte stieg Konfuzius dann in der Stufenleiter der Götter immer höher, und in jeder chinesischen Stadt des riesigen Reiches wurden Konfuzius-Tempel errichtet. Im Jahre 1907 schließlich wurde Konfuzius durch kaiserliches Dekret den höchsten Göttern, das waren im alten China der Himmel (*Tien*) und die Erde, an die Seite gestellt.

Die Erhöhung des Meisters ging Hand in Hand mit der Kanonisierung seiner Schriften und der Vormachtstellung der Gelehrten, die ihm nach-folgten. Die offizielle Staatslehre war seit 124 v. Chr. unumstritten der Konfuzianismus. Das Lehrge-bäude des Konfuzianismus fußte im Wesentlichen auf drei Säulen: 1. der quasi-religiösen Überzeugung, dass Mensch und Kosmos harmonisch miteinander verbunden sind. 2. einer staatsphilosophischen Rechtsauffassung, die der sehr optimistischen Sicht des Konfuzius in Bezug auf das Wesen des Menschen strenge juristische Regeln zur Seite stellte. 3. einer sozialpolitischen Neuorganisation, die den Zugang zum Beamtentum regelte. Auch Angehörigen der unteren Volksschichten wurde im Zuge dieser Neu-ordnung Zugang zu Ämtern im Staatsdienst gewährt. In den folgenden Jahrhunderten wuchs der konfuzianische Einfluss kontinuierlich an und um 1200 n. Chr. war die Staatsideologie des Konfu-zianismus fest im Reich der Mitte verankert. Der Einfluss des Konfuzianismus auf Gesellschaft, Staat und Privatleben ist auch noch im aufstrebenden China des 21. Jahrhunderts deutlich zu spüren.

Das Leben des Konfuzius

Zur Zeit der Dynastie Tschou (*1132-255 v. Chr.*), einer Periode des Reichsverfalls, in der die Reichsgewalt gegenüber den Einzelstaaten stark geschwächt war, wurde in Ku-fu, in der heutigen Provinz Shantung, der Mann geboren, der als Kung-fu-tse („*Meister Kung*") Chinas berühmtester und einflussreichster Mann geworden ist. Das Jahr der Geburt ist nicht genau bekannt, aber man nimmt das Jahr 551 als Geburtsjahr an. Nach dem frühen Tod des Vaters hatte Konfuzius, da seine Familie damals arm war, keine leichte und unbeschwerte Kindheit. Er musste seiner Mutter schon als Kind bei der Arbeit helfen, erhielt aber dennoch fundierten Schulunterricht. Auf seinem Stundenplan standen Fächer wie Bogenschießen und Wagenlenken sowie Ritual, Geschichte, Literatur, Tanz und Musik. Auch Kenntnisse in Schreiben und Rechnen gehörten zum Lehrplan seiner Schule. Nach dem erfolgreichen Abschluss seiner Studien wurde ihm, wie es damals üblich war, der Name eines Erwachsenen gegeben. Das bedeutete, dass er in den drei Haupttugenden unterrichtet war: Treue gegenüber dem Fürsten, Treue gegenüber dem Meister und Treue gegenüber dem Vater. Über seine eigene Kindheit schreibt Konfuzius: „Ich war der Sohn eines armen Mannes, und deswegen verstehe ich mich auf viele Dinge, die Sache der Armen sind, aber das sind Dinge von wenig Bedeutung. Muss sich denn der Weise auf viele Dinge verstehen?"

Im Alter von 19 Jahren wurde Konfuzius zunächst Verwalter von Kornspeichern und bald darauf Aufseher über die fürstlichen Güter. Er heiratete sehr früh. Sein Eheleben soll nicht sehr glücklich verlaufen sein. Sicher belegt ist, dass aus dieser Ehe eine Tochter und ein Sohn hervorgegangen sind. Im Alter von 22 Jahren entschied sich Konfuzius, seiner inneren Berufung zu folgen und begann eine eigene Lehrtätigkeit, die ihm bald auch Schüler aus vornehmen Kreisen zuführte. Als Bezahlung nahm Konfuzius das, was seine Schüler imstande waren zu geben. „Wenn einer auch nur ein Päckchen Dörrfleisch brachte, habe ich mich nicht geweigert, ihn zu unterrichten." (*Lün-yu, 7, 7*) Er erwartete von seinen Schülern Einsatz, Lernwillen und Intelligenz. „Wer keinen Eifer hat, dem teile ich nichts mit. Wer nicht nach Ausdruck ringt, dem eröffne ich ihm nicht. Wenn ich eine Ecke zeige, ohne dass er es auf die drei anderen übertragen kann, dem wiederhole ich es nicht." (*Lün-yu. 7,8*)

Im Jahre 517 unternahm Konfuzius eine Reise in die damalige kaiserliche Reichshauptstadt Lohyang (*Honan*), wo das prunkvolle höfische Leben tiefen Eindruck auf ihn machte. Nach kurzem Aufenthalt im Fürstentum Tsi lebte Konfuzius dann von 515-500 in stiller Zurückgezogenheit als Lehrer der alten chinesischen Weisheit in seiner Heimat. Endlich, im Jahre 500, berief ihn der Fürst seines Staates in ein Amt, das es ihm ermöglichte, seine moralischen Grundsätze und Ideale nicht nur Schülern zu vermitteln, sondern praktisch anzuwenden und zu verwirklichen. Er stieg zum Minister des Innern und der Justiz auf. Nach alten Berichten soll es dank seiner Klugheit und Tüchtigkeit geglückt sein, in der kurzen Zeitspanne von nur vier Jahren das Fürstentum positiv zu entwickeln. Die innere Ordnung, der Wohlstand, die Sittlichkeit und auch die äußere Macht des Fürstentums Lu wuchsen so unübersehbar, dass die Nachbarfürsten neidisch wurden. Der mächtige Fürst des Nachbarstaates Ch'i griff zu einer List, um Lu zu schwächen. Er sandte dem Fürsten des Konfuzius achtzig Sängerinnen und Tänzerinnen, die den schwachen Regenten in sinnliche Abenteuer verstricken sollten, was ihnen auch gelang. Die Folge war die Entlassung des strengen Konfuzius im Jahre 497, der sich dem Sittenverfall entgegengestellt hatte und bei Hofe als unbequemer Mahner empfunden wurde. Es war eine bittere Enttäuschung für ihn, die er nie ganz verwunden hat. Rückblickend auf dieses enttäuschende Erlebnis schrieb er: „Es ist alles aus! Ich habe noch keinen gesehen, der die Tugend ebenso liebt, wie er die Frauenschönheit liebt." Möglicherweise ging aus seiner unglücklichen Ehe und dieser Erfahrung seine recht distanzierte Haltung gegenüber Frauen hervor. Im Lün-yu, den „Gesprächen", ist nur sehr wenig von Frauen die Rede, aber an einer Stelle schreibt er: „Mit Frauen und Knechten ist am schwersten auszukommen! Tritt man ihnen zu nahe, so werden sie unbescheiden; hält man sich fern, so werden sie unzufrieden."

Der Entlassung folgten dreizehn ruhelose Wanderjahre (496-483), in denen er zeitweise zwar große Bewunderung im Lande genoss, aber niemand ihn anstellen wollte. Zeitweilig war Konfuzius sehr arm, und Hunger war ein ständiger Begleiter. In dieser unglücklichen Phase seines Lebens fragte ihn ein Schüler, wie es denn möglich wäre, dass der

Meister in solch ein Unglück geriete, da es doch hieße, dass der Himmel den Tugendhaften mit Glück belohnte und den Schlechten mit Unglück bestrafte. Konfuzius antwortete: „Erstens dringen die Weisen nicht immer durch in der Welt. Die Geschichte hat das Andenken einer großen Zahl von Männern bewahrt, die durch ihre Tugend berühmt waren und dennoch ein tragisches Ende fanden. Das einzige, über das der Mensch Meister ist, ist sein eigenes Herz. Erfolg und Misserfolg hängt von den Umständen ab. Zweitens gibt es viele Fälle, in denen wir Menschen, die sich in unzweifelhaften Umständen befanden, späterhin zu der höchsten Bestimmung aufsteigen sehen. Man kann daher nicht sagen, dass äußeres Unglück immer ein Übel ist. Es ist häufig nur eine Probe, aus der der Charakter gestählt hervorgeht." (*Lun-Yü, S. XX*)

Im Jahre 483 rief ihn ein neuer Fürst von Lu in die Heimat zurück. Seine Studien der alten Schriften, eigene literarische Arbeiten und die Pflege der alten Musik füllten neben der Lehrtätigkeit seine letzten Jahre aus. Über seinem Alter liegt, wie fast über seinem ganzen Leben, eine Stimmung leiser Melancholie, die aber seiner Überzeugung von der Richtigkeit und Wichtigkeit seiner Gedanken keinen Abbruch tat. Die freudige Zuversicht, dass später doch noch einmal eine Zeit kommen werde, in der man seinen Worten Gefolgschaft und Anerkennung gewähre, hat ihn vor Verbitterung bewahrt: „Wenn die Menschen einen nicht erkennen, doch nicht murren, ist das nicht auch edel?" Konfuzius hat diese Zeit nicht mehr erlebt. Kurz vor seinem Tode klagte er: „Kein verständiger Monarch will aufkommen; kein einziger Fürst ist im Reiche, der mich zum Meister wählen will. Meine Zeit zu sterben ist gekommen." Nachdem er noch genaue Anweisungen für seine Bestattung gegeben hatte, starb er im Jahre 478. Er ist in seinem Heimatort Ku-fu beigesetzt und seine schlichte Grabstätte ist bis heute eines der Hauptheiligtümer Chinas.

Lebensdaten

551 v. Chr.	Kung-tse, Meister Kung wird in Ku-fu im Fürstentum Lu geboren.
548	Der Vater stirbt.
532	Konfuzius arbeitet als Aufseher über die öffentlichen Getreidespeicher und er heiratet.
531	Geburt des einzigen Sohnes Bo-yü. Aus der Ehe ging auch eine Tochter hervor. Deren Lebensdaten sind jedoch unbekannt.

528	Tod der Mutter. Konfuzius lässt daraufhin all seine Ämter ruhen, wie es seinerzeit Brauch war.
518	Reise nach Lo, der Hauptstadt des Dschu Reiches. Konfuzius unterrichtet Zöglinge der Fürstenfamilie und widmet sich dem Studium der Kultur der Dschu.
516	Rückkehr in seine Heimat Lu. Er lebt in Abgeschiedenheit, unterrichtet Schüler und beschäftigt sich mit Sitten, Musik und Literatur.
501	Konfuzius wird zum Gouverneur der Stadt Dschung-du in seiner Heimatprovinz Lu ernannt.
499	Vertrauter des Fürsten von Lu und Minister im Stab seiner Regierung.
498	Der Staat Lu blüht auf. Fürsten benachbarter Staaten sehen mit Neid und Missgunst auf das erfolgreiche Fürstentum Lu.

Konfuzius' Persönlichkeit

Konfuzius gehört fraglos zu den großen Persönlichkeiten der Menschheitsgeschichte. Er war ein Mann von lauterer Gesinnung und selbstloser Dienstbereitschaft für das Volk. Er hat in seinem Leben nicht nur edle Ideale formuliert, sondern seine Grundsätze auch wirklich befolgt. In seinen Handlungen hat er nur darauf geachtet, dass sie gut und richtig sind, und er hat sich nicht darum gekümmert, ob sie ihm Erfolg oder materiellen Nutzen bringen. „Den Alten möchte ich Frieden geben, mit treuen Freunden möchte ich umgehen, die Kleinen möchte ich herzen", das war sein Streben. Den Annehmlichkeiten des Lebens nicht abgeneigt, war er doch von großer Genügsamkeit und Schlichtheit. „Gewöhnliche Speisen zur Nahrung, Wasser als Trank und den eigenen Unterarm als Kissen - auch dabei kann man fröhlich sein. Ungerechtfertigter Reichtum und Ehren dazu sind für mich nur flüchtige Wolken." Bei aller Bescheidenheit blieb er frei von aller Selbstgerechtigkeit. Seine Schüler sagten über ihn: „Der Meister war in seinem Wesen mild und doch würdevoll. Er war ehrfurchtgebietend und doch nicht heftig. Er war demütig und doch selbstbewusst."

Das Privatleben des Meisters wird in den „Gesprächen" ausführlich beschrieben: „Meister Kung war in seinem Heimatort in seinem Wesen voll anspruchsloser Einfachheit. So, als könnte er nicht sprechen. Im Tempel und bei Hofe dagegen sprach er fließend, aber immer wohlüberlegt.

Bei Hofe sprach er mit den Ministern zweiten Ranges (*die ihm gleichgestellt waren*) frei und ungezwungen, mit den Ministern ersten Grades präzise und sachlich. Wenn der Fürst eintrat, war sein Benehmen ehrfurchtsvoll, doch gefasst.

Wenn er das Zepter des Fürsten zu tragen hatte, so beugte er sich vor, als sei er nicht fähig, es zu tragen. Er hob es nicht höher, als man die Hand zum Gruß erhebt (*Augenhöhe*), und senkte es nicht tiefer, als man die Hand beim Überreichen einer Gabe ausstreckt (*Brusthöhe*). Seine Miene war ernst und devot, seine Schritte waren langsam und gemessen.

Der Edle trug keine Kleider von blauroter oder schwarzroter Farbe. Gelbrote und violette Kleider zog er nicht einmal im Hause an. In der heißen Zeit trug er ungefütterte, gazeartige Gewebe aus Leinen, aber beim Ausgehen zog er immer noch ein Kleidungsstück darüber an. Dunkelbraune Kleidung trug er zusammen mit schwarzem Lammpelz, ungefärbte Kleidung mit Rehpelz, gelbe Kleidung mit Fuchspelz. Zu Hause trug er lange Pelzkleider, deren rechter Ärmel verkürzt worden war. Er trug immer Nachthemden, die anderthalb Körperlängen hatten. Beim Aufenthalt zu Hause gebrauchte er dicke Fuchs- und Dachspelze. Außer bei Trauerfällen trug er Schmuckstücke aus Jade. Mit Ausnahme der nahtlosen Opfergewänder hatte er immer nach der Figur genähte Kleider. Schwarzen Lammpelz und dunkle Kopfbedeckungen trug er nicht, wenn er Trauerbesuche machte. Zum Mondanfang zog er Galakleidung an und stellte sich bei Hofe vor.

Beim Essen achtete er darauf, dass der Reis gereinigt war und beim Hackfleisch achtete er auf Feinheit. Reis, der verdorben und schlecht war, Fisch, der alt und Fleisch, das nicht mehr frisch war, aß er nicht. Was eine seltsame Farbe hatte, aß er nicht. Was einen schlechten Geruch hatte, aß er nicht. Was nicht richtig gekocht war, aß er nicht. Was nicht den Jahreszeiten entsprach, aß er nicht. Was nicht richtig geschlachtet war oder nicht die richtige Sauce hatte, aß er nicht. Wenn viel Fleisch aufgetischt wurde, durfte es nicht den Geschmack des Reises überdecken. Nur im Weintrinken legte er sich keine Beschränkung auf, doch ließ er sich niemals gehen. Gekauften Wein und Dörrfleisch vom Markt genoss er nicht. Er nahm stets Ingwer zur Mahlzeit ein. Er aß nicht viel. Wenn er beim fürstlichen Opferfest anwesend war, behielt er (*den ihm zugewiesenen Anteil*) Fleisch nicht über Nacht. Opferfleisch ließ er nicht länger als drei Tage liegen. Was mehr als drei Tage alt war, das wurde nicht gegessen. Beim Essen diskutierte er nicht. Im Bett redete er nicht. Wenn er auch nur einfachen Reis und Gemüsesuppe und Gurken hatte, so brachte er doch ehrfurchtsvoll ein Speiseopfer dar.

Wenn ein Freund gestorben war, der keine Angehörigen hatte, so sprach er: ‚Überlasst es mir, ihn zu begraben.‘ Im täglichen Leben war er nicht formell. Wenn er jemanden in Trauer sah, so änderte er seinen Gesichtsausdruck, auch wenn er ein guter Bekannter war.“

Im Vergleich mit Religionsstiftern wie Jesus oder Buddha fehlt Konfuzius die religiöse Aura, der überweltliche Glanz, doch war er nicht unreligiös. Er teilte den Glauben seiner Zeit an Götter und Geister, stand aber dem wuchernden Aberglauben des einfachen Volkes nicht kritiklos gegenüber. Allen religiösen und metaphysischen Lehren gegenüber zeigte er eine vorsichtige Zurückhaltung: „Ernstlich beflissen sein. Den Menschen gegenüber alle Gerechtigkeit zu erfüllen, Dämonen und Göttern gegenüber Ehrfurcht zu erweisen, aber sich in Abstand von ihnen halten, das mag Weisheit genannt werden." Das Überweltliche war ihm das ewig Unerforschliche. Wenn seine Jünger in dieser Hinsicht neue Erkenntnisse von ihm erhofften, klangen seine Antworten oft abweisend: „Solange einer noch nicht weiß, was das Leben ist, wie sollte ihm klar sein können, was es mit den Tod auf sich hat!" und an anderer Stelle „Wenn man noch nicht imstande ist, den Menschen zu dienen, wie sollte man imstande sein, den Geistern zu dienen?" Er selbst unterzog sich voller Ehrfurcht allen religiösen Gebräuchen, die seinerzeit üblich waren. Nur den Ausuferungen der Volksreligion trat er entgegen: „Anderen Totengeistern (*als denen der eigenen Familie*) zu Opfern ist Kriecherei." Er fühlte sich jederzeit unter dem Schutz und im Auftrag der obersten göttlichen Macht stehend und wirkend. „Der mich kennt, ist es nicht der Himmel?" Als ihm einmal ein übelgesinnter Beamter nach dem Leben trachtete, rieten seine Jünger ihm zur Flucht. Er entgegnete: „Der Himmel ist es, der werden ließ, was in mir Tüchtigkeit ist. Was kann dieser Mann mir schon antun?" Als sein Lieblingsschüler Nen-Yüan starb, klagte er: „Wehe, der Himmel vernichtet mich, der Himmel vernichtet mich!" Dem Himmel allein fühlte er sich verantwortlich: „Habe ich etwas Unrechtes getan, so möge der Himmel mich verwerfen." oder „Wer gegen den Himmel sündigt, der hat niemanden, zu dem er beten kann!"

Der dem Konfuzius gegenüber häufig vorgebrachte Vorwurf, er sei unreligiös, ist nicht gerechtfertigt. Die kulturhistorische Bedeutung des Meisters liegt nicht auf religiösem Gebiet, denn dort hat er nichts Neues entwickelt. Er setzte die Religion voraus, aber er hat sie nicht durch neue Gedanken bereichert. Das Schwergewicht liegt bei Konfuzius mehr auf dem Gebiet von Tradition, Sitte und Moral. Die Götter sind da, sie können manchmal nützen, manchmal aber auch schaden. Daher muss man ihnen alle gebührende Achtung erweisen und ihnen Opfergaben und Gebete darbringen, aber im Übrigen sind die Menschen auf sich selbst gestellt. Konfuzius schreibt: „Ich erwarte nicht, heutzutage einen Heiligen zu finden. Wenn ich nur einen Weisen finden könnte, würde ich mich damit begnügen. Wenn das Maß des Menschen die absolute Gerechtigkeit ist, dann ist es sehr schwierig, ein wahrer Weiser zu sein; wenn aber der Mensch das Maß des Menschen ist, dann haben rechtschaffene Menschen ein Vorbild, dem sie folgen können."

Die Menschen müssen ihr Leben nach den sittlichen Weltgesetzen ausrichten und ihre rechte Mitte finden. Aufgabe der menschlichen Existenz ist es, zu höchster moralischer Veredelung zu gelangen und das Zusammenleben in den Ordnungen von Staat und Familie zu einer friedvollen, durch

Gerechtigkeit und Liebe bestimmten Gemeinschaft auszubauen. Dazu, dass ihnen das gelingt, wollte er den Menschen helfen. Darin sah er seinen Beruf. Anstatt neue Lehren zu verkünden, ging es ihm darum, die bewährten Lehren des Altertums, die nach chinesischer Überlieferung bereits in grauer Vorzeit verwirklicht worden waren, seiner Zeit ans Herz zu legen. Er schreibt über sich „Ich bin nicht einer, dem von Geburt an schon das Wissen zu gegeben worden wäre. Als ein Liebhaber des Altertums, bin ich nur ernsthaft darauf aus, mir solches Wissen anzueignen." und „Ich bin ein Überlieferer und nicht einer, der selber Neues schafft. Ich bin treu, liebe das Altertum und nehme mir dabei meinen alten Peng (*einen Weisen der Vorzeit*) zum Vorbild."

Die Pflege der Sittlichkeit war der Kern seines Lebens wie seiner Lehre: „Die Sittlichkeit ist jedes Menschen Pflicht; hier darf man sogar dem Lehrer nicht den Vortritt lassen." und „Ein willensstarker Mann von sittlichen Grundsätzen strebt nicht nach einem Leben auf Kosten seiner Sittlichkeit. Ja, es gab solche, die ihren Leib in den Tod gaben, um ihre Sittlichkeit zu vollenden" und „Ohne Sittlichkeit kann man nicht dauernde Bedrängnis ertragen, noch kann man langen Wohlstand ertragen. Der Sittliche findet in der Sittlichkeit Frieden, der Weise betrachtet die Sittlichkeit als Gewinn."

In einer Fülle von Einzelsprüchen werden von Konfuzius all die guten Tugenden als Ziele gepriesen, die auch viele andere große Führungsgestalten gelobt haben. Er brachte dabei zeitlose Worte voller erfahrener Lebensweisheit hervor: „Der Edle hütet sich vor Dreierlei. In der Jugend hütet er sich vor Sinnlichkeit. Wenn er das Mannesalter erreicht, hütet er sich vor Streitsucht. Wenn er das Greisenalter erreicht, hütet er sich vor dem Geiz." Drei Tugenden hob er als die Wichtigsten hervor: Weisheit, Menschlichkeit und Mut. Konfuzius Ethik bestand nicht aus einer Vielzahl einzelner guter Gedanken, sondern war durchdrungen von einer Grundidee. Als sein Schüler Dsi-Gung ihn fragte: „Gibt es ein bestimmtes Wort, nach dem man das ganze Leben hindurch handeln kann?", da antwortete der Meister: „Die Nächstenliebe. Was du nicht wünschst, tue auch nicht anderen!"

Die Chinesen hatten eine Vorliebe für negativ formulierte Aussprüche.

Konfuzius war aber auch die positive Form wohl vertraut. Er sagte: „Was den Sittlichen anlangt, so festigt er andere, da er selbst wünscht, gefestigt zu sein und er klärt andere auf, da er selbst wünscht, aufgeklärt zu sein. Imstande sein, das Wahre (*in uns selbst vorhandene*) als Beispiel zu nehmen, das ist das ganze Geheimnis der Sittlichkeit." Aktive Menschenliebe ist ihm wirklich das Wichtigste: „Innerhalb der vier Meere sind alle Menschen seine (*des Edlen*) Brüder." und „Ein Mensch ohne Menschenliebe, was hilft dem die Form. Ein Mensch ohne Menschenliebe, was nützt dem die Musik?" und „Fan-schi fragte: Was ist Sittlichkeit? Der Meister sprach: Menschenliebe."

Konfuzius war mit den praktischen Problemen des Lebens vertraut und seine ethischen Grundsätze zeugen von Realismus. „Es fragt jemand den Meister: Durch Güte Unrecht zu vergelten, wie ist das? Der Meister sprach: Womit soll man denn Güte vergelten? Durch Gerechtigkeit vergelte man Unrecht, durch Güte vergelte man Güte!" Konfuzius vertritt hier einen Standpunkt, der im täglichen Leben zweckmäßig ist und der den Menschen nicht zu viel abverlangt. An anderer Stelle äußert sich Konfuzius so, wie Jesus es getan hat: „Durch Güte Übles zu vergelten, so erweitert man persönliche Sittlichkeit." Im Sinne des Konfuzius haben wir in unserem sozialen Verhalten die Gebote der ewigen Sittengesetze zu erfüllen, ganz unabhängig davon, ob die anderen sie auch gegen uns erfüllen. Konfuzius äußerte sich auch zu den hohen Idealen, die gerne von geistigen Lehrern ersonnen und hochgehalten werden: „Ich weiß, warum die Sittengesetze nicht angewandt werden. Der Weise irrt sich, wenn er sie höher erhebt, als es ihm tatsächlich zusteht. Ich weiß, warum sie nicht verstanden werden. Die edlen Naturen streben zu hoch hinauf und über ihr wirkliches, sittliches Wesen hinaus. Was die niedrigen Naturen anbelangt, so streben sie nicht genügend empor und bleiben unterhalb ihrer tatsächlichen sittlichen Möglichkeiten."

Was an Konfuzius Anschauungen auffällt, ist der nur lose Zusammenhang zwischen Religion und Sittlichkeit. Wohl sind die Sittengesetze die Gesetze der obersten Gottheit, aber zu ihrer Erfüllung bedarf der einzelne Mensch der dauernden Hilfe der Religion nicht. Die Natur des Menschen ist nach Meinung des Konfuzius gut. In diesem Sinne heißt es bei ihm: "Ist denn Sittlichkeit gar so fern? Sobald ich die Sittlichkeit wünsche, ist die Sittlichkeit da." Um ein edler Mensch zu werden, dafür genügen Belehrungen und gute Vorbilder. Die Haltung des Konfuzius der Religion gegenüber war von Vorsicht geprägt. Alles Schwärmerische, Überweltliche und Ekstatische war ihm fremd und verdächtig. Er ahnte die Größe und Macht des Tao zwar, aber er äußerte sich nur sehr verhalten über sie. Dass die Lehren des Konfuzius nach der spezifisch religiösen Seite hin einer Ergänzung bedurften, schuf den Boden für die Ausbreitung des Taoismus. Der Chinakenner Bertram Schuler schreibt: „Die menschlich sympathische und wahrhaft große Einstellung des Konfuzius und seiner Jünger zur Welt hatte leider ihre Kehrseite. Der Blick des Konfuzius ging nicht in die Tiefe wie der Blick des Lao-tse. Er blieb eingefangen in die Grenzen des diesseitig Natürlichen, dem sein Hauptaugenmerk galt. Zwar kommt es dem Konfuzius nie bei, das letzte Metaphysische irgendwie zu leugnen. Denn er setzt dessen Existenz immerfort in seiner Lehre voraus. Aber weil es der sinnlich erfahrbaren Welt, seinem unmittelbaren Interessengebiet also, entzogen ist, bleibt es außerhalb seines Systems."

Die konfuzianische Staatsreligion

Man kann nicht nur, sondern man muss von einer konfuzianischen Staatsreligion Chinas reden. Die Grundlagen dieser Staatsreligion sind sehr alt und reichen bis weit vor Konfuzius zurück.. China verdankt es seinem größten Sohn, dass durch sein Bemühen und das seiner Schüler die alten Quellen neu erschlossen wurden. Auf der Basis dieser Quellen ließ sich ein festes politisch-ethisch-religiöses Gebäude errichten, das bis zum Beginn des 20. Jahrhunderts Chinas geistige und gesellschaftliche Grundlage bildete.

Bei dem Unterfangen, diese Staatsreligion darzustellen, trifft man auf einige gravierende Schwierigkeiten. Die Chinesen der alten Kaiserzeit, auch ihre größten Denker, waren Menschen, die systematische, wissenschaftliche Erkenntnismethoden, wie sie in Europa entwickelt worden sind, nicht kannten. Manchmal gab es bei ihnen metaphysische und erkenntnistheoretische Ansätze, aber es kam nie zu einer systematisch-wissenschaftlichen Herausarbeitung auf irgendeinem Gebiet. Es blieb stets bei vereinzelten Gedanken, die sofort ins Praktische oder ins Ethische umgelenkt wurden. Auch auf dem Gebiet der Ethik, das eine Stärke der Chinesen ist, haben sie kein zusammengehöriges Gedankensystem entworfen, auch Konfuzius nicht. Wenn wir nun versuchen, aus allerlei Spruchweisheiten und Aphorismen ein stimmiges Lehrgebäude zusammenzustellen, besteht natürlich die Gefahr, dass wir unser europäisch geprägtes Denken in ihre

Sätze hineindeuten. Diese Gefahr ist deshalb besonders groß, weil jede Übersetzung aus dem Chinesischen mehr die Interpretation eines Gedankens, als die Übertragung eines Wortsinns ist. Nicht selten geben europäische Übersetzer unbewusst manchem Bildzeichen einen Sinn, den es in China nie gehabt hat. Welche Schwierigkeiten Übersetzungen aus dem Chinesischen bereiten, sieht man zum Beispiel an der Übertragung des Schriftzeichens „Yen" ins Deutsche. Yen wird übersetzt mit: Sittlichkeit, Menschlichkeit, Humanität, vollkommene Tugend, Liebe, Selbstlosigkeit, Verträglichkeit, Herablassung, Hilfsbereitschaft oder Güte. Einen Spruch aus Konfuzius' „Gesprächen" über-setzt der Sinologe Jakob de Groot mit: „Greift die Irrlehre an, denn sie ist das Schädliche und Gefährliche". Richard Wilhelm gibt die gleiche Passage mit den Worten wieder: „Irrlehren anzugreifen, das schadet nur!" In Richard Wilhelms Version drückt der Spruch das Gegenteil von de Groots Fassung aus.

Es muss bei Übersetzungen deshalb darauf geachtet werden, dass auch wirklich das zum Ausdruck kommt, was die Chinesen selbst gemeint haben und nicht das, was der Übersetzer über sie denkt. Europäer, die sich in die völlig fremde Wesensart der chinesischen Menschen und ihrer Kultur versenken möchten, sollten sich deswegen möglichst weit aus der eigenen Gedankenwelt lösen.

Grundlagen der konfuzianischen Staatsreligion

Im Hinblick auf metaphysische Gedanken geben die konfuzianischen Schriften nur wenig her. Da jedoch die Konfuzianer mit den Taoisten in Fragen der Transzendenz nah beieinander liegen, so dürfen die Anschauungen der Taoisten hier zur Ergänzung hinzugezogen werden. Das Bild, das sich daraus ergibt, ist dieses: Das Letztwirkliche, Höchste ist das Tai-chi (*„Höchster Gipfel"*), das als ein lebendiger Organismus, als eine Summe von Geistigem und Materiellem gedacht wird und durch die polaren Kräfte Yang und Yin wirkt. Yang und Yin sind das geistige Prinzip des Männlichen und Weiblichen, des Himmlischen und Irdischen, des Warmen und Kalten, des Harten und Weichen. Das Zusammenwirken dieser beiden Kräfte bildet das Tao. Das Tao ist der große, sich gesetzmäßig vollziehende Ablauf oder die Lebensbewegung des gesamten Weltalls. Tai-chi, Yang-Yin und Tao sind jedoch nicht Schöpfer, sondern nur Erhalter und Ordner des Alls. Woher das Seiende letztlich kommt, wurde oft zu beantworten versucht, doch vom Konfuzianismus offen gelassen. Der Taoist Dschuang-tse erklärt: „Im allerersten Anfange war nichts; im Nichts war das Tao vorhanden, aus dem das All entstand. Das All war dann da, hatte aber noch keine Gestalt. Das, wodurch die Wesen die Möglichkeit ihres Entstehens und Bestehens erlangten, nenne ich die Kraft (*das Te des Tao*). Im Gestaltlosen entstand durch sie eine Trennung (*in Yang und Yin*) und weil diese ohne

Unterbrechung fortdauerte, war das da, was ich Leben nenne. Da Yang und Yin in stetiger Bewegung sind, erzeugen sie immerfort die Wesen." Aber Dschuang-tse wusste auch, dass er sich am Rande all dessen befand, was ein Mensch ergründen und wissen kann: „Wer beherrscht Himmel und Erde? Wer ordnet ihren Gang? Wer sendet die Wolken nieder? Wer lässt den Wind wehen? Darf ich fragen, was die Ursache ist?" Liä-tsu, ein anderer taoistischer Weiser, ging auf die Frage ein, ob es so etwas wie einen Anfang, eine Urschöpfung aus dem Körperlosen gegeben haben könnte, antwortete dann aber: „Was jenseits der Welt liegt, was vor den Erscheinungen ist, ist etwas, was ich nicht erkennen kann."

Yin und Yang entfalteten sich zum Himmel (*Yang*) und zur Erde (*Yin*), ohne sich jedoch in diesen Gebilden zu erschöpfen. Das höchste Göttliche, das Gegenstand aller Religionen ist, wird Tien, Himmel, oder auch Schang-ti, höchster Herr, genannt. Es beherrscht die Natur und umfasst die Erde, ist jedoch nicht in christlichem Sinne als Herr über die Natur zu verstehen. Es ist vielmehr die Natur selbst in ihrem unpersönlichen Sich-auswirken, denn für einen Gott, der über der Natur steht, ist in dem religiösen System der Chinesen kein Platz. Konfuzius sagt: „Wahrlich redet etwa der Himmel? Die vier Jahreszeiten gehen ihren Gang und alle Dinge werden erzeugt, aber der Himmel schweigt." Das gesetzmäßige Walten der Kräfte der Natur und des Alls, das sich unabänderlich in allem Geschehen vollzieht und das der Mensch als die ihn und die Erde überragende und bestimmende Macht erkennt, das ist der Himmel. Von einer persönlichen Beziehung des Menschen zum Himmel oder des Himmels zum Menschen kann bei dieser unpersönlichen Auffassung von Gottheit keine Rede sein.

Diese überirdische Macht brauchte aber, um sich im Natur- und Menschenleben auswirken zu können, einen Mittler: Das war in China der Kaiser. Die Persönlichkeit des Kaisers war dabei relativ unwichtig. Er musste nur seine Aufgaben in der traditionellen Weise erfüllen und somit für ein gutes Funktionieren des Weltsystems sorgen. Das genügte. Tat er das nicht, so wurde er beseitigt und durch einen besseren Leiter ersetzt. Im chinesischen Kaisertum lag also der Mittelpunkt allen Weltgeschehens. Der chinesische Kaiser galt als der Sohn des Himmels und war Herr über die Welt. Der Kaiser war der einzige Mittler und Vermittler zwischen Himmel und Erde, er war der Überträger der Segnungen des Himmels an die Natur und die Menschen. Alle Menschengeschicke und alles Naturgeschehen waren ganz und gar seinem Befehl und Willen unterworfen. Er allein durfte daher auch die Gebete der Menschen vor dem Himmel darbringen und er allein ihm opfern.

Kraft seines Amtes stand der Kaiser auch über den anderen Göttern, die allesamt seiner Herrschaft unterstellt waren. Von seiner Residenz im Reich der Mitte aus regelte der Kaiser im Auftrag des Himmels die Vorgänge auf der Erde. Das Naturgeschehen in den kleineren Bezirken und das Schicksal der in ihnen wohnenden Menschen, wurde in Form der Untergötter verehrt. Und so, wie der Kaiser der menschliche Statthalter, Vermittler und Oberpriester für die ganze Erde und die ganze Menschheit in Bezug auf den Himmel war, so waren seine Beamten in den Provinzen die Statthalter, Vermittler und Oberpriester im Hinblick auf die niedrigen Gottheiten. Im engsten Kreise, also der Familie, hatte das Familienoberhaupt die gleiche Stellung als Herr, Statthalter, Vermittler und Oberpriester in Bezug auf die mit götterähnlicher Macht ausgestatteten Ahnen.

Funktionierte nun dieses System nicht so, wie es nach dem Willen des Himmels der Fall sein sollte, so waren in der Regel die unteren Organe Schuld daran, seien es die Beamten oder auch die Götter. Wenn die Schuld festgestellt wurde, so hatte der Kaiser das Recht und die Pflicht, nicht nur die Beamten, sondern auch die Götter zu degradieren oder abzusetzen. Ebenso lag es in seiner Macht, Beamte wie auch Götter zu erhöhen. Menschen zu Göttern zu ernennen, war dem Kaiser ebenfalls möglich, so wie es bei Konfuzius geschehen ist.

Die Chinesen waren also der Auffassung, dass jenseits der vielen Götter ein geistiges Prinzip Urgrund und Lenker des Alls ist, aber dieses geistige Prinzip sich seiner selbst nicht bewusst ist. Das Tao ist nicht eine über das Seiende schlechthin erhabene, aus sich selbst gesetzte und alles andere aus sich selbst setzende geistige Macht. Das Tao ist kein Gott im christlichen Sinne, sondern es ist eins mit der Natur und in ihr und durch sie wirkend. So ist auch der Mensch nicht abgetrennt von der Natur, sondern verkörpert das in seinem Wesen gleichfalls in Yang und Yin in Erscheinung tretende Allwirken der Natur. Der Mensch ist in das Naturgeschehen eingebunden, ist Glied der Natur und nicht ihr Herr. Die Grenzen zwischen Gottheit – Göttern – Mensch – Tier – Pflanze und allem sonstigem Sein sind völlig fließend. Alle Wesen sind verschiedene Erscheinungsformen oder Teilverkörperungen des sich nach ewigen Gesetzen vollziehenden Wirkens der All-Natur. Der Mensch ist ein Stück verkörperte Naturkraft und nimmt in der Natur keine Sonderstellung ein. Bei den Chinesen wird auch das Geistige im Menschen als in die Natur eingebunden gedacht. Dieses Geistige lebt nach dem Tode irgendwie fort. So wie der Himmel das All bestimmt, so bestimmt der tote Ahne die Familie. Umgekehrt ausgedrückt: die Verehrung der Toten stellt die Verbindung der lebenden Familienmitglieder mit dem Wirken der All-Natur dar, soweit es das Schicksal des einzelnen Hauses angeht. Hat sich nun ein Mensch besonders ausgezeichnet, so scheint er von starken Naturkräften durchdrungen zu sein. Der Betreffende erfährt daher eine besondere Anerkennung seiner Größe und man billigt ihm einen höheren Rang zu. Aus einem Ahnen konnte nun ein Gott werden. Über diese Übermenschen schreibt Dschuang-tse: „Durch Verdichtung ihrer Götterkraft vermögen sie die lebenden Wesen vor Krankheit und Seuchen zu bewahren und alljährlich das Korn reifen zu lassen. (...) Kein Wesen kann diese Menschen verletzen. (...) Was wollen sie mit stofflichen Wesen zu schaffen haben?"

Da im alten China das Menschenleben, alles Geistige und auch das Göttliche nicht über, sondern in der Natur standen, so war es die Aufgabe des Menschen, mit der Natur und dem ewigen, gleichmäßigen Ablauf ihrer Gesetze in Einklang zu sein. Nur wenn das geschah, war sein Leben gelungen. Daher lief alles Streben der Chinesen darauf hinaus, mit der Natur in Harmonie zu leben und sich ihr anzupassen. Der Impuls, die Natur zu bezwingen und sie sich untertan zu machen, wie man es im Westen unternommen hat, war den Chinesen früherer Zeiten fremd. Das chinesische Geistesleben war also nicht nur zufällig, sondern vom Grunde her naturverbunden. Aus dieser Eigentümlichkeit heraus sind sehr wichtige, auch für die Religion bedeutsame Züge des chinesischen Lebens zu verstehen. Da wäre zunächst jene rückwärts orientierte Art zu nennen, die charakteristisch für die chinesische Kultur ist. Die Naturgesetze, das Wechselspiel von Yin und Yang, sind ewig und es galt, sich ihnen anzupassen. Eine stark verklärte Vergangenheit leuchtete aus der Zeit der alten Herrscher herüber, die das am besten verwirklicht hatten. Die Kunst des Regierens beruhte im alten China auf den sogenannten Neun Grundsätzen. Diese lassen sich wie folgt zusammenfassen:

1. Man soll sein eigenes Verhalten ständig kontrollieren.
2. Man soll ehrenwerten Männern stets angemessen begegnen.
3. Man soll seine Nächsten lieben und ihnen gegenüber seinen Pflichten nachkommen.
4. Man soll die Würdenträger des Staates ehren.
5. Man soll sich um die Interessen und das Wohl aller Staatsdiener kümmern.
6. Man soll dem Volk ein Vater sein.

7. Man soll die Entwicklung der nützlichen Künste fördern.
8. Man soll den Fremden, der aus der Ferne kommt, wohlwollend aufnehmen.
9. Man soll den Prinzen des Reiches wohlgesinnt sein.

Unter der Herrschaft der legendären Kaiser der Frühzeit ist alles in vollkommener Harmonie gewesen. Daher war es auch später nicht das Ziel, etwas Neues zu schaffen, sondern das Bestehende zu erhalten. Wenn das Gegenwärtige aber dekadent und in Verfall begriffen war, so musste es zum Zustand der Harmonie zurückkehren. Blieben die Verhältnisse oder wieder sie wieder so, wie sie in grauer Vorzeit gewesen waren, dann war es gut. Darum hat China eigentlich keine Geschichte, wie sie im Westen kennen. Das Land hat im Laufe der Jahrtausende seinen Charakter immer behalten. China war in seinen Grundzügen noch zu Beginn des 20. Jahrhunderts so, wie das alte China der Han-, der Tang- oder der Ming-Dynastie gewesen war. Bertram Schuler schreibt: „Der Chinese lebte seit Jahrtausenden in dem ruhigen Bewusstsein, den Weg (*Tao*) zu haben, den es für Menschen gibt. Niemand brauchte ihn in China mehr suchen. Hier baute sich der Einzelne auch nicht sein (*geistiges*) Haus, weil alle ein (*geistiges*) Haus hatten, in dem sie klebten, die Natur, vom Tao ihnen angewiesen und hergerichtet. Wie das Reh im Walde und der Vogel im Baum von jung auf seine Nahrung kennt und seine Feinde flieht, so wusste auch jeder Chinese durch die dem Tao entsprungene allgemeine Sitte, was in jedem Fall für ihn das Rechte war. Daher die große Einheitlichkeit und fast unveränderte Stetigkeit im Leben des chinesischen Menschen und seines ganzen Kulturkreises, die viel von dem kaum in Jahrtausenden sich ändernden Leben der Natur in Feld und Wald an sich hat."

Um genau festzustellen, welche Besonderheiten im Verlauf eines Jahres zu beachten sind, wurde jedes Jahr von einer hohen Reichsbehörde ein Kalender ausgearbeitet. Der ganze Zweck der in China schon früh ausgeübten Astronomie war die Festlegung des Kalenders. In ihm war für die Regenten, Beamten und für alle Menschen genau angegeben, wann man bestimmte Regierungsgeschäfte ausführen, Opfer darbringen, die Ahnen verehren, Saat aussäen, die Ernten einbringen und alles Sonstige tun musste, was das Dasein ausfüllt. Der Kalender enthielt keine festen, stets wiederkehrenden Daten, sondern wurde für jedes Jahr anders geordnet. Dem Kalender galt fast göttliche Verehrung. Aus alten Kalendern machte man Medizin, indem man sie bei höchstem Sonnenstand verbrannte, ihre Asche zerrieb und in Wasser trank. Selbst der Kaiser erwies dem Kalender große Ehrfurcht, da in ihm ein wichtiges Stück Naturmacht verkörpert war.

Die Chinesen betrieben auch wissenschaftliche Forschung, aber ihre Absichten, Ziele und Methoden unterschieden sich deutlich von denen des Abendlandes. All ihre Wissenschaft beruhte im Wesentlichen auf Erfahrungswissen und war nur darauf gerichtet, die ewigen Naturgesetze zu erkunden. Sie diente nicht dazu, sich die Natur dienstbar zu machen, sondern half dem Menschen in seinem Bemühen, sich im Gewebe der Natur angemessen zu verhalten. Eine von rein wissenschaftlichem Forschungstrieb geleitete Wissenschaft kannten die Chinesen der Kaiserzeit nicht. Sie haben eine Menge einzelner Wahrheiten gefunden und auch viele Erfindungen hervorgebracht, einige davon weit früher als die Europäer. Aber die Erfindungen waren Zufallserfindungen und gingen nicht aus zielgerichteter, kontinuierlicher Forschungsarbeit hervor. Die Erfindungen wurden auch nicht unbedingt angewandt und weiterentwickelt, sondern blieben meist in den Anfängen stecken. Ja, viele wurden vergessen und gingen tatsächlich wieder verloren, selbst solche, die großen praktischen Nutzen hätten stiften können. Das Ziel allen Arbeitens und Forschens war nicht auf eine Verbesserung der Lebensumstände gerichtet, sondern auf Erhaltung des Alten. So ist auch zu erklären, dass die zahlreichen Berührungen mit Europäern, die viele ihrer Kenntnisse und Erfindungen nach China brachten, das Land nicht wesentlich veränderten oder gar bereicherten. China nahm nur auf, was seiner altüberlieferten Art entsprach, im Übrigen wollte es so bleiben und blieb auch so, wie es seit Jahrtausenden war.

Was bisher sehr allgemein über das Verhältnis von Geist und Natur sowie über die letzten Gründe des Seins gesagt wurde, fußt auf den folgenden Gedanken: Das Tao, das in Yang und Yin die Bewegung des Alls darstellt, wirkt nach ewigen, immer gleichbleibenden Gesetzen. Naturgesetze und

Moralgesetze sind identisch. Nicht nur das Leben der Menschen, sondern auch das der Natur vollzieht sich nach den Moralgesetzen. So wie in der Natur das Prinzip von Ursache und Wirkung wirkt, so gilt in der Menschenwelt das moralische Prinzip. Es bedeutet, dass gute Taten gute Folgen nach sich ziehen und dass böse Taten böse Folgen haben werden.

Für den fruchtbringenden Ablauf der Natur waren Götter und Menschen als Beauftragte des Himmels ausersehen. Zuständig für die ganze Erde war der Kaiser, für die großen und kleinen Teilbezirke waren es Götter, Geister, die Beamten und die einzelnen Menschen. Von ihrem moralischen Verhalten hing das Funktionieren der gesamten Natur ab. Wenn der Kaiser sich anständig verhielt, so war der Himmel genötigt, es ihm und der ganzen Welt gutgehen zu lassen. Daher war von der sittlichen Qualität des Kaisers – dies war die Bedingung, die er zu erfüllen hatte – das Wohlergehen der ganzen Welt abhängig. Wenn ein großes Unglück ausbrach, Missernten, Dürren, Erdbeben, Überschwemmungen oder Hungersnöte, so war es zunächst Aufgabe des Kaisers, Buße zu tun und sich moralisch zu reinigen. Denn nur ein moralisch Tüchtiger war ein guter Leiter. Da der Himmel wollte, dass die Erde und die Menschheit gesegnet sind, lag die Schuld, wenn sie nicht gesegnet waren, daran, dass der Kaiser unmoralisch und daher ein schlechter Überträger der Segnungen war. Blieb das Unglück bestehen, so kam es zur Beseitigung der herrschenden kaiserlichen Dynastie und der Einsetzung eines neuen, besseren Vermittlers. So heißt es im Tschun-tsiu: „Wenn die Tugend der Fürsten imstande ist, das Volk in Frieden und Zufriedenheit zu erhalten, so erkennt ihn der Himmel als seinen Sohn an. Sind aber seine Laster dazu angetan, das Volk zu schädigen und leiden zu lassen, so verwirft ihn der Himmel." Und im Schu-king steht: „Die Völker erkennen in demjenigen, der nicht mehr der Liebling des Himmels ist, ihren Fürsten nicht an."

Als in den frühen Jahren des 20. Jahrhunderts China immer wieder von Naturkatastrophen heimgesucht wurde, begann das Volk an der Qualität des jungen Kaisers zu zweifeln. In einem Erlass vom 28. Dezember 1911 erklärte der Monarch: „Meine Fehler sind die Ursache dieser Geschehnisse. Ich verkünde hiermit der Welt: Ich schwöre, Abhilfe zu schaffen. Ich bedaure meine Fehler und bereue sie ernsthaft."

All das, was vom Kaiser als Mittler des Tien für die Gesamtheit des Landes galt, galt auch für die Götter, Geister und die Beamten in den Bezirken. Die Beamten mussten Bußbekenntnisse einreichen, wenn ihr Bezirk wirtschaftlich zurückfiel. Oft waren sie genötigt, ein Bußgewand anzuziehen und ganze Tage betend und opfernd in den Tempeln der Götter zu verbringen. Selbst die Götter konnten vom Kaiser, wenn sie keine guten Beauftragten waren, degradiert oder sogar abgesetzt werden. Wahr ist ferner, dass die Vorstellung von der Unmoralität und Unfähigkeit des Kaisers in Chinas Geschichte von Usurpatoren zum Sturz herrschender Kaiserhäuser oft schamlos missbraucht wurde. Im Grunde waren völlig sittenlose Tyrannen und Beamte – sittenlos nach chinesischen Begriffen - undenkbar, da das ganze gesellschaftliche Leben Chinas von der Idee der Sittlichkeit durchdrungen war. Im Hinblick auf die uns im Westen sinnlos erscheinenden Naturkatastrophen empfanden die Chinesen anders. Sie waren, so grausam und verheerend sie auch sein mochten, immer berechtigt und von moralischem Wert, da sie durch unmoralische Taten der verantwortlichen Kaiser, Fürsten, Statthalter oder Beamten verursacht worden sind. Die chinesische Grundidee von der Moralität allen Geschehens ist der alt-testamentarischen Geschichtsauffassung der Richter- und Königszeit nicht unähnlich. Taten die Könige der alt-israelitischen Hirtenvölker, was Jehova gefiel, dann ging es dem ganzen Volk gut. Wenn nicht, so traten Niederlagen, Plagen und Zeiten der Not ein, denn Jehova hatte sich von diesem König abgewandt.

Mit dem Phänomen allerdings, dass es dem Guten oft schlecht und dem Schlechten oft gut ergeht, mussten sich auch die Chinesen auseinandersetzen. Das gelegentliche Auseinander-klaffen zwischen der moralischen Qualität und dem Schicksal eines Menschen beschäftigte schon die Schöpfer des Alten Testaments und ist auch in unserer Zeit zu beobachten. Konfuzianer und Taoisten standen diesem Phänomen relativ hilflos gegenüber. Ihnen fehlten die gedanklichen Werkzeuge, dieses Phänomen zu erklären. Der taoistische Philosoph Dschuang-tse sagt: „Das ganze Leben sich abmühen, ohne einen greifbaren Erfolg zu sehen, sich quälen in erschöpfendem Dienst und nicht wissen, wohin es führt, ist das nicht zu beklagen?"

Erst der sich etwa seit dem Jahre 100 n. Chr. in China ausbreitende Buddhismus half hier mit einer schlüssigen Antwort aus. Die Buddhisten sind der Auffassung, dass der Mensch dem Gesetz des Karma unterworfen ist, und es daher kein unschuldiges Leiden gibt. Kein guter Gott kann den Menschen von den Folgen seiner bösen Taten erlösen, aber es kann auch kein böser Gott ihn um die guten Folgen seiner guten Taten bringen. Wo scheinbar unschuldiges Leiden vorliegt, handelt es sich in Wirklichkeit um böse Folgen böser Handlungen in früheren Existenzen.

Die Vorstellung von dem Funktionieren dieser moralischen Naturgesetze wurde so stark betont, dass die Chinesen glaubten, dass dann, wenn der Kaiser, die Mandarine, Verwalter und Beamten moralisch handelten, es nicht nur ihren Untergebenen gut ging, sondern dass deren moralisches Handeln auch bewirkte, dass all ihre Untertanen ebenfalls moralisch handelten. Konfuzius sagt: „Wenn der Herr selbst sich frei von Begierden hält, so werden seine Untergebenen selbst dann nicht stehlen, wenn man auf das Stehlen eine Belohnung aussetzen würde!" (*Lun-Yü, XII, 18*) „Wenn nur der Kaiser das Gute will, so wird auch das Volk gut werden." (*Lun-Yü, XIII, 6*) Denn, so heißt es in einer chinesischen Fabel, in einer runden Schüssel muss auch das Wasser rund sein.

Die chinesische Ethik hat die Natur zum Vorbild. So, wie die Natur gut und segensreich ist, wenn sie sich ungestört entfalten kann, so ist das Sittliche das normale Funktionieren der guten Natur des Menschen. Der erste Satz der chinesischen Fibel San-tse king lautet: „Der Mensch ist von Natur aus ursprünglich gut!" Ähnlich drückte es Menzius aus: „Die natürlichen Triebe tragen den Keim zum Guten in sich; das ist damit gemeint, wenn die Natur gut genannt wird. Wenn einer Böses tut, so liegt der Fehler nicht in seiner Veranlagung." Konfuzius selbst sagt: „Ist denn die Sittlichkeit gar so fern? Sobald ich die Sittlichkeit wünsche, ist diese Sittlichkeit auch da." (*Lun-Yü, VII,26*). Das Buch Tschung-yung beginnt mit folgenden Sätzen: „Der Himmel hat uns das Gesetz ins Herz geschrieben; die Natur hat uns dasselbe offenbart. Die Grundsätze der Sittenlehre sind in unserer Natur begründet. Was mit dieser Natur übereinstimmt, heißt der Pfad (*das richtige Verhalten*). Die Festsetzung dieses Pfades heißt ‚System der Belehrung'. Wenn in der Seele Ärger, Kummer oder Freude noch nicht erwacht sind, so nennen wir das den Zustand des Gleichgewichts. Sind diese Empfindungen erwacht, aber alle in ihrem richtigen Maß und Grad, so nennen wir das den Zustand der Harmonie. Dieses Gleichgewicht ist die große Wurzel (*aus der alles entspringt*), und diese Harmonie ist der allgemeingültige Pfad (*auf dem wir stets bleiben sollten*)."

Das Shu-king lehrt: „Shang-ti, der Erhabene, hat jedermann die Norm verliehen. Und wo die Menschen sich nur nach ihr richten, haben sie eine beständige Wesensnatur." In China gibt es daher in der Geschichte der Menschheit, wie auch im Leben des Einzelnen, eigentlich keine Entwicklung, keinen Fortschritt, sondern nur ein möglichst reines Erhalten des Urzustandes. Es hat in China Denker gegeben, die behaupteten, die Natur des Menschen sei eine Mischung von Gut und Böse (*Nang Hiung, 53 v. – 28 n.. Chr.*). Andere, wie etwa Lao-tse (*um 500 v. Chr.*) meinten, dass die Natur des Menschen in sittlicher Hinsicht nicht festgelegt wäre. Wieder andere urteilten, die Menschennatur sei radikal böse (*Siün Konag und Siün-tse um 250 v. Chr.*), aber alle diese Ansichten konnten sich gegen die offizielle konfuzianische Lehre nicht durchsetzen. Das Böse war im Sinne des Konfuzianismus nur eine vorübergehende oder dauernde Verirrung, die der Unkenntnis über die wahre Natur und ihrer Gesetzmäßigkeiten entsprang. Darum kam es darauf an, den Menschen die Kenntnisse der Gesetze zu übermitteln, denn dann handelten sie moralisch gut. Der moralische Zustand der irdischen Statthalter des Himmels und der gesamten Menschheit hing vom Maße ihres Wissens ab. Da nun alles Geschehen vom moralischen Zustand der Menschheit abhing, beschränkte sich die Bildung, die in China vermittelt wurde, vor allem auf das Wissen um die Gesetze von Moral und Sitte. Um in die Klasse der Beamten zu gelangen, mussten die Schüler ausschließlich die religiösen Klassiker, die fünf King, die vier Shu sowie deren Kommentare studieren. Für die höheren Examina wurde auch keine Kenntnis über weitere Wissensgebiete gefordert, sondern nur vertieftes Wissens über die heiligen Schriften, die bei den Prüfungen aller Grade alleiniger Prüfungsgegenstand waren. Alle spezifischen Berufsausbildungen erfolgten nur auf praktischem Wege. Auch Ärzte wurden vor allem praktisch geschult. Wegen seiner überragenden Stellung als Statthalter des Himmels sollte der Kaiser über die edelste sittliche Haltung verfügen. Daher wurden die jeweiligen Thronfolger sehr sorgfältig unterrichtet. Ihre schulischen Erfolge wurden der Bevölkerung von Zeit zu Zeit in öffentlichen Erlassen mitgeteilt.

So wie die Sittlichkeit zur Entfaltung und Erhaltung der guten Natur des Menschen führte, so musste auch sein Verhalten den natürlichen Gesetzmäßigkeiten des Alls entsprechen. Darum kam auch der Form, nicht bloß dem Inhalt des Handelns große Bedeutung zu. Durch zahlreiche Vorschriften wurde festgelegt, wie sich ein Mensch in der Familie und in der Öffentlichkeit zu benehmen hatte. Das Li, das angemessene Verhalten, sollte die maßgebliche Form des Umgangs mit anderen sein. Konfuzius sagt: „Weiß einer nicht Bescheid in den Formen des rechten Verhaltens, so kann er nicht zu innerer Festigung gelangen." (*Lun-Yü, XX, 3*) Wer nicht mit seinem inneren Wesen mit den Weltgesetzen in Harmonie war, der konnte die richtige Form des Verhaltens nicht finden. In der Balance der polaren Kräfte von Yang und Yin wird die richtige Mitte gefunden. Konfuzius sagt: „Das Höchste der Tugend ist, dass einer unwandelbar die rechte Mitte bewahrt." (*Lun-Yü, VI, 27*) Ein wichtiges Mittel, die rechte Balance zu finden, war die Pflege alles Schönen in der Kunst und im Benehmen. Daher stand im alten China die Ästhetik in direkter innerer Beziehung zur Ethik. Im Li-Ki steht: „Die Musik ist der Ausdruck und das Bild der Vereinigung der Erde mit dem Himmel." und „Mit dem Wohlverhalten und der Musik ist nichts im Reiche (*in der Welt*) schwer.", Konfuzius lehrt: „Geweckt wird man (*zur Sittlichkeit*) durch die Poesie, gefestigt durch angemessenes Verhalten (*das Li*), vollendet durch die Musik." (*Lun-Yü, VIII, 8*). Gerade auf die Musik legte Konfuzius so großen Wert, dass er sagt: „Stehen die Riten und die Musik nicht in Ehren, so sind die Strafen der Gesetze nicht zutreffend." (*Lun-Yü, VIII, 3*). Der Staat musste also Riten und Musik pflegen, da das Volk durch sie veredelt wurde. Kam der Staat dieser Aufgabe nicht nach, so hatte er kein moralisches Recht, die Untertanen wegen ihrer Gesetzesverfehlungen zur Verantwortung zu ziehen. Denn hätte der Staat das Li und die Musik ordentlich gepflegt, so wären die Verfehlungen unterblieben. Ein eigenes Ministerium der Riten, das Li-pu, sorgte für die Pflege des rechten Verhaltens und alles dessen, was damit zusammenhängt. Der chinesische Schriftsteller Lin Yutang (*1895-1976*) schreibt: „Der Ausdruck, der Begriff Li bedeutet mehr als die Beobachtung der Riten; er stellt eine Philosophie der sozialen Ordnung und der sozialen Disziplin dar. Dieser Begriff betrifft den ganzen sozialen, sittlichen und religiösen Aufbau der chinesischen Gesellschaft im Altertum. Diese Gesellschaft wurde durch religiöse Zeremonien und Riten geregelt, die neben den sozialen Beziehungen einherliefen. Konfuzius versuchte, sie auf eine vernunftmäßige Grundlage zu stellen. (...) Das Feudalsystem und die Gesellschaftsordnung, wie Konfuzius sie auffasste, trug ausgesprochen religiöse Züge. Nach seiner Auffassung sollten die Riten in der Seele Frömmigkeit und Gottesfurcht auslösen, so wie die Ausübung der Musik einen Zustand von Glück und Harmonie hervorbringen sollte."

Im praktischen Leben hatten sich in China die sogenannten Fünf allgemeingültigen Verpflichtungen entwickelt, die auf der Regel von Gegenseitigkeit beruhten. Diese Beziehungen verpflichteten zu einer strikten Unterordnung und hatten unbedingte Autorität. Es sind die Beziehungen von:

1. Fürst und Untertan

2. Vater und Sohn

2. Mann und Frau

3. Älterem und jüngerem Bruder

5. Freund und Freund

Die oben geschilderten Eigentümlichkeiten der chinesischen Kultur wirkten sich in zweierlei Hinsicht auf das Leben und die Religiosität des Einzelnen aus. Der erste Punkt betrifft das Verhältnis von Geist und Natur, von Ich und Welt. Geist und Natur wurden als untrennbar miteinander verbundene und in allen Erscheinungsformen wirkende Kräfte gedacht. Das höchste Seiende, das Tai-chi, war eine unpersönliche Naturmacht, deren bewegendes geistiges Prinzip, das Tao, unbewusst wirkte. Der einzelne Mensch betrachtete sich nicht im Widerspruch zur Natur, sondern sah sich ganz in sie eingebunden und eins mit ihr. Daher war in China für Subjektivität, für das Individuelle und für die einzelne Persönlichkeit als freiem, geistigem Wesen wenig Raum. Das galt auch für den Kaiser, denn trotz seiner überragenden Machtstellung an der Spitze der alles beherrschenden Welttheokratie war seine spezifische Persönlichkeit relativ bedeutungslos. Er war lediglich Übermittler, Funktionär im Getriebe des großen, blind und mechanisch abrollenden Welt- und Naturgeschehens.

Da nun aber auch in China das Subjektive in jedem Menschen vorhanden war, wurde es durch das starre konfuzianische System niedergehalten. Was sich ungeachtet des Systems noch an Subjektivem regte, das wurde durch den zweiten Punkt, die Forderung nach unbedingter Unterwerfung im Rahmen der fünf Beziehungen unterdrückt. In der 4000jährigen chinesischen Geschichte wurde das Individuelle im Menschen unausgesetzt und systematisch niedergehalten. Alle Reaktionen des Ich gegen diesen Druck, die es auch in China gegeben hat, sind als ketzerisch, gottlos und staatsgefährdend sofort bekämpft und oft auch brutal ausgerottet worden. Das Schwergewicht der alten chinesischen Kultur lag auf dem guten Funktionieren der Naturgesetze im Weltgeschehen, im Staatsleben und in der Familie. Das Schicksal und die Bedeutung des Einzelnen war, eingebunden in die fünf Beziehungen, von Unterordnung geprägt. Das Gemeinschaftliche war viel wichtiger als das Einzelleben, ja, das Einzelleben war überhaupt nur ein winziger, unwichtiger Punkt im kosmischen Geschehen. In Ostasien heißt es bis heute: Einen Nagel, der heraussteht, muss man einschlagen.

Der Geringschätzung des Individuellen widerspricht keineswegs die Tatsache, dass auch in China vom Ich und von der sittlichen Ausbildung der Persönlichkeit gesprochen wurde. So sagt Konfuzius: „Vom Sohn des Himmels bis zur Menge des Volkes hinab betrachteten alle die Ausbildung ihrer Person als die Wurzel. Bei Vernachlässigung der Wurzel ist es nicht möglich, dass das, was aus ihr hervorgeht, wohlgeordnet sei." Ähnlich äußerte sich auch Menzius: „Die Wurzeln des Weltreiches sind im Einzelstaat, die Wurzeln des Staates in der Familie, die Wurzeln der Familie sind in der Persönlichkeit." Es wurde von chinesischen Ethikern viel Sorgfalt darauf verwandt, dem Einzelnen ungezählte Vorschriften, Ratschläge und Hinweise zu geben, wie er das Gute in sich entwickeln kann. Aber die Ausbildung der Persönlichkeit wurde nicht zur Entwicklung der menschlichen Persönlichkeit um ihrer selbst willen gefördert und angestrebt, sondern um des guten Funktionierens der kosmischen und sozialen Ordnungen willen. In der Stufenfolge des Lebenszwecks galt der Bereich der Persönlichkeit in China als die unterste Stufe. Wenn in diesem untersten Bereich kein gutes Funktionieren vorhanden war, so konnten natürlich auch die größeren Bereiche, die darauf aufbauten, nicht in Ordnung sein. Wer diese Einschätzung der Persönlichkeit nicht kannte, konnte die gesamte chinesische Literatur nicht richtig verstehen. Auch bei Aussagen über die Götter haben sich in Übersetzungen immer wieder Fehleinschätzungen eingeschlichen. Der Gedanke, dass die Chinesen in Tien oder Shangti eine persönliche Gottheit in europäischem Sinn besäßen, ist ein solcher Irrtum. Die Gottheiten der Chinesen sind mehr Kräfte als göttliche Persönlichkeiten und religiöse Aussagen wirken in der chinesischen Sprache weniger persönlich, als in europäischen Sprachen. Deshalb muss man alle religiösen und sittlichen Äußerungen nicht vom europäischen, sondern vom chinesischen Standpunkt aus bewerten.

In China ist die offizielle Staatsreligion im Grunde nicht auf die Erhaltung der Persönlichkeit, sondern auf Erlösung vom Ich gerichtet. In dieser Hinsicht fand der aus Indien eindringende Buddhismus einen ihm ähnlichen, wohlvorbereiteten Boden, denn auch die Buddhisten streben nicht nach Entfaltung der Einzelpersönlichkeit. Infolgedessen hat es im alten China in starkem Maße an persönlichem Lebensbewusstsein und auch an persönlicher Lebenswertschätzung gefehlt. Unter bestimmten Umständen war das Opfern des eigenen Lebens für einen Chinesen eine Selbstverständlichkeit, während einer solchen Tat in Europa kein hoher moralischer Wert zugebilligt worden ist. Die altchinesische Justiz konnte lange Zeit ohne die Bestrafung der ganzen Familie, ja unter Umständen eines ganzen Dorfes für das Vergehen eines Einzelnen nicht auskommen. Als bei einer Neuordnung des Gerichtswesens die kollektive Bestrafung abgeschafft und durch den europäischen Gedanken der Bestrafung nur des Täters selbst ersetzt werden sollte, machte der Vizekönig darauf aufmerksam, dass daraus eine verhängnisvolle Lockerung der Volksmoral erwachsen würde. Denn ein reicher Mann, der einen Mord begangen hat, könne durch die Zahlung von einigen tausend Dollar leicht einen armen Chinesen finden, der sich schuldig bekennen und hinrichten lassen werde, wenn das Geld an seine arme Familie ausgezahlt wird. Der hingerichtete Arme würde dann in seiner Sippschaft als großer Wohltäter und hochgeschätzter Ahne höchste

Verehrung genießen. Auch die nach europäischen Maßstäben unerhört grausamen Strafen des altchinesischen Strafvollzuges erschienen den Chinesen als nicht so hart und wurden auch von den Betroffenen nicht als so unmenschlich empfunden, wie sie Europäern erscheinen. Dabei muss man bedenken, dass die große Masse des chinesischen Volkes aufgrund des Mangels an staatlichen Schulen weitgehend ungebildet war. Daher vergröberte sich das konfuzianische Systems nach unten hin stark und wurde für den Einzelnen noch härter und zwingender, als es ohnehin schon war. Aber, wie bereits oben gesagt, wurde in China auch von Seiten der Regierung das Einzelleben mit ziemlicher Geringschätzung betrachtet und behandelt. In der menschlichen Gesellschaft hatte der Einzelne nur Geltung und Lebensmöglichkeiten im Rahmen seiner sozialen Schicht und in seiner Familie. In Notzeiten sorgte in der Regel allein der große Verwandt-schaftsverband für den in Bedrängnis Geratenen. Wer keine Familie hatte, der war dem Siechtum und der Verelendung preisgegeben. Den Gefallenen und Entrechteten gaben nur noch die straff organisierten Bettlergilden einen gewissen sozialen Halt. Auch im alten China haben einige Denker wie Lao-tse oder Menzius allgemeine Liebe und Menschlichkeit gepredigt, aber für die Konfuzianer galten deren Gedanken als abwegig und ketzerisch. Liebe und Menschlichkeit hatten für sie nur innerhalb der gesellschaftlichen Klassen Relevanz. Selbst der Buddhismus, der das Mitgefühl sehr betont, hatte in dieser Hinsicht keine bemerkenswerte Wandlung bewirken können. Eine großzügige, öffentliche

Wohltätigkeitspflege fehlte daher im alten China, weil es das Prinzip allgemeiner Nächstenliebe schlichtweg nicht gab. Mitleid mit unschuldig Leidenden existierte nicht, denn unschuldig Leidende gab es nach chinesischen Begriffen gar nicht.

Aus der Geringschätzung des individuellen Lebens wird verständlich, dass es in China bis ins 20. Jahrhundert hinein Sklaverei gegeben hat. Männer mussten auf Landgütern ohne Lohn arbeiten und Frauen dienten unentgeltlich und rechtlos als Haussklavinnen. Dem Leben einer Frau wurde ohnehin nur geringer Wert zugebilligt. Außerehelicher Geschlechtsverkehr und die Annahme von Nebenfrauen galten als selbstverständliches Recht der Männer. Die Frauen wiederum verfügten nur über einen sehr geringen rechtlichen Schutz. Frauen konnten ohne Schwierigkeiten aus der Ehe entlassen werden, wenn einer der folgenden sieben Gründe vorlag: Kinderlosigkeit, wollüstiges Benehmen, Respektlosigkeit gegenüber der Schwiegermutter, Hang zum Stehlen, Eifersucht, Krankheit und Schwatzhaftigkeit. Erst wenn eine Frau einen Sohn geboren hatte, wurde ihr eine gewisse Achtung zuteil. Alte Frauen, die Söhne hatten, erfuhren eine höhere Wertschätzung, da sie bald sterben mussten und damit in eine höhere Stufe der Ahnen aufrückten. Die untergeordnete Stellung der Frau blieb im Verlauf der langen chinesischen Geschichte bis in die Neuzeit erhalten und die Anhänger des Konfuzius trugen nicht dazu bei, daran etwas zu ändern.

Da man in China das Leben des Einzelnen nicht so hoch einschätzte, wie man es in Europa tat, dachte man auch ganz anders über den Selbstmord. Wenn eine Witwe ihrem Gatten, sei es aus Furcht vor Armut oder vor Einsamkeit, in den Tod folgte, so galt das als ruhmreiche Tat. Von derartigen Selbstmorden wurde noch gegen Ende der Kaiserzeit in den großen Zeitungen des Landes berichtet. Den Frauen, die auf diese drastische Weise ihre tiefe Verbundenheit mit dem Ehepartner bekundet hatten, wurde in Form eines großen Torbogens in ihrem Heimatdorf ein Denkmal gesetzt. Darüber hinaus gab es auch Selbstmorde, die zur Rache an anderen ausgeübt wurden. Die Furcht vor solchen Racheselbstmorden war eines der wirksamsten Mittel in der Hand der bereits erwähnten Bettlergilden. Wenn ein Bettler gekränkt wurde oder ein geiziger Reicher den Bettlern keine Unterstützung zukommen ließ, so konnte der Betreffende schwer getroffen werden, indem ein Bettler sich auf seinem Grundstück oder vor der Tür seines Hauses das Leben nahm. Dann musste der Betreffende nicht nur das Begräbnis bezahlen, sondern wurde auch von dem Geist des Toten bedroht. Der unsichtbare Geist war nun als Überirdischer dazu fähig, das Haus und die ganze Familie mit Unheil zu bestrafen. Auf Befehl eines Bettler-Königs, die Bettler waren organisiert und verfügten über einen Anführer, vollzog jeder Bettler ohne zu zögern den so geforderten Selbstmord. Um ihren Beschwerden und Mahnungen Gewicht zu verleihen, verübten oft auch Zensoren oder reformwillige Staatsbürger, die mit ihren Ideen nicht durchdringen konnten, Selbstmord.

Dem Charakter der chinesischen Kultur und Religion, die dem Individuellen wenig Raum ließen, entsprach ein Mangel an persönlichem Verantwortungsgefühl. Trotz der ethischen Ausprägung des konfuzianischen Systems und der moralischen Ausrichtung der heiligen Schriften waren Gewissensentscheidungen vom chinesischen Standpunkt aus undenkbar. Nicht der Einzelne, sondern die Gesamtheit trug die Verantwortung. Das konfuzianische System garantierte die Richtigkeit der überlieferten Gedanken, denen der Einzelne sich unterzuordnen hatte. Im Hinblick auf das Ehrgefühl spielte das „Wahren des Gesichts" eine große Rolle. Für einen Chinesen war es sehr schlimm, das Gesicht zu verlieren. Dabei ging es nicht so sehr um die Wahrung der eigenen Selbstachtung, sondern um die des äußeren Ansehens, der korrekten Form, des Li. Verletzungen der Höflichkeitsformen wurden in der Regel als schwerwiegender empfunden als etwa Prügelstrafen. Auch für Europäer unerträgliche Degradierungen hoher Beamter zu Pferdeknechten oder Straßenkehrern wurden von den Betroffenen hingenommen und geduldig ertragen.

Die Götter und ihre Verehrung

Der Himmel (Tien oder Shang-ti)

Das große Heiligtum zur Verehrung des Himmels liegt südlich der Stadt Peking. Es besteht aus einem großen, von Mauern umgebenen Gelände, das in einen äußeren und einen inneren Bezirk aufgeteilt ist. Das mit uralten Zypressen bestandene Areal heißt Tien-tan, Opfergelände des Himmels. Von zahlreichen Nebengebäuden umgeben, enthält es zwei Hauptheiligtümer, den Himmelsaltar und den Tempel des guten Jahres. Der Himmelsaltar, das größte Heiligtum der Anlage, besteht aus einem runden Hügel, der in drei kreisrunde, sich nach oben verjüngende Terrassen aufgeteilt ist. Diese sind mit blauen Fliesen geschmückt und von weißen Marmorgeländern umgeben. Von den vier Himmelsrichtungen aus führen vier Treppen auf die oberste Plattform. Der gesamte Hügel ist ungefähr 4 1/2 m hoch. Hier fanden zweimal im Jahr, zur Wintersonnenwende und im ersten Sommermonat, prunkvolle, feierliche Staatsopfer statt, die nur der Kaiser vollziehen durfte. Schon die Vorbereitungen geschahen mit großer Sorgfalt. Fünf Tage vor dem Opferfest suchten Minister und Prinzen bei den Bauern der Umgebung die geeignetsten Opfertiere aus. Zur Wahl standen Rinder, Schafe, Hirsche, Schweine und Hasen.

Drei Tage vor dem Opferfest verkündete der Kaiser durch einen Erlass, dass er das große Opfer darbringen werde: „Oh, all meine Minister, beachtet diesen Befehl: reinigt eure Herzen, säubert eure Neigungen, damit ein jeder beim Fest seine amtlichen Aufgaben in jeder Hinsicht vollbringe. Sollte es vorkommen, dass sich irgendeiner untersteht, seinen Pflichten nicht nachzukommen, so muss er mit schwerer Bestrafung rechnen. Beachtet ehrfurchtsvoll diesen Befehl! Seid nicht fahrlässig!" Nach der Veröffentlichung des Erlasses begannen der Kaiser, die Prinzen, sowie seine Minister und Beamten eine Fastenzeit. Sie mieden Musik, sie mieden den Umgang mit Frauen, den Genuss von Alkohol und den Verzehr von Knoblauch oder Zwiebeln; sie beteten zu keiner Gottheit und besuchten keinen Tempel. Das offizielle Gebet des Kaisers wurde mit roter Tinte auf blaues Papier geschrieben. Am letzten Tag vor dem Fest wurden die Opfertiere geschlachtet und die Opferspeisen zubereitet: Brühe, Reis, Hirse, Fische, Kastanien, Nüsse, Kuchen, Fleischragout, Schweinekottelets und viele andere Dinge. Auf den Terrassen des Himmelsaltars und um den Hügel herum wurden Zelte aufgeschlagen. Blaue Zelte wurden für die Götter und die kaiserlichen Ahnen errichtet. Ein rundes blaues Zelt für den Himmel stand auf der obersten Terrasse, und für den Kaiser wurde ein gelbes Zelt aufgestellt. Am Festtage begab sich der Kaiser mit großem Gefolge in das Fastengebäude, das sich nahe des runden Hügels befindet und verbrachte dort den Tag bis in die Nacht hinein auf einem prachtvoll geschnitzten Thron. Im Dunkel der Nacht flammten dann die Leuchtfeuer in den Bronzekesseln auf. Im Priestergewand, umgeben von den Prinzen und Großen seines Reiches, geleitet von zwei

Zeremonienmeistern, die ihm mit lauter Stimme jeden der neun Akte des Opfers ankündigten und zuriefen, was er zu tun hatte, näherte sich der Himmelssohn dem heiligen Ort und waltete seines Amtes.

Vor dem Zelt des Himmels war eine Tafel angebracht, auf der „Hwang-tien Shang-ti", Kaiserlicher Himmel, höchster Kaiser, stand. Neben dem Zelt des Himmels und dem der kaiserlichen Ahnen gab es Zelte zur Verehrung der Götter der Sonne, des Mondes, der Planeten, der Wolken, des Regens, des Windes und des Donners. Als Opfer für die Götter der Sonne, den Göttern des Mondes und für die kaiserlichen Ahnen wurde je ein ganzes Rind verbrannt. Den anderen Göttern opferte man ein Kalb, ein Schaf oder ein Schwein. Auch Weihrauch, Seide und andere Gaben wurden in die Opferöfen geworfen. Weihrauchstäbchen glühten in den Zelten, wo in kostbaren Gefäßen die Speisen für die Geister standen. Der Kaiser ging von Zelt zu Zelt und vollzog dreimal den Kotau, die Niederwerfung, bei der er mit der Stirn den Boden berührte. Instrumentalmusik und Gesang begleiteten den gesamten Verlauf der heiligen Handlungen. Im Schlussgesang an den Himmel hieß es:

„Still gedenke unser und wende deine Blicke auf uns; mögen die Wolken als Fahrzeuge (*deiner Segnungen*) so zahllos sein wie die Wellen des Ozeans. Dein Diener bittet dich um deine Gunst zu jeder Jahreszeit; lebhaft gedenke der Düfte seines Weihrauchs. Er hofft auf gutes Wachstum überall und auf vorbildliche Tugendhaftigkeit der Beamten.

Himmel! Spende deinen Segen, so dass die Erde gebäre und alle Feldfrüchte reich und üppig gedeihen. Hilf meinem guten Volk, damit ihm wahrer Frieden und wirkliche Ruhe zuteilwerden."

Ein kaiserliches Gebet aus dem Jahre 1539 lautet: „Du, o Himmel, der auf uns herniederschaut, bist aufgefordert, uns zu erhören. Ich, dein Untertan, unwissend und unerleuchtet, bin nicht im Stande, dir meine Gefühle angemessen zum Ausdruck zu bringen. Voller Demut breiten wir vor dir diese kostbaren Steine und Seide aus. Und wie Schwalben, die sich im Frühling freuen, preisen wir deine überreiche Liebe. Du, der erhabene All-Eine, sendest uns deine Gnade und Fürsorge, die wir kaum würdig sind anzunehmen. Ich, dein schlichter Diener, bringe, während ich mich ehrfürchtig verneige, dieses kostbare Gefäß dem dar, dessen Jahre kein Ende haben. Menschen und Tiere sind mit deiner Liebe gesegnet. Alle Lebewesen sind deiner Güte verpflichtet, aber wer erkennt schon, woher die Segnungen, die er genießt, zu ihm gelangen? Du allein bist, o Himmel, der treue Schöpfer aller Dinge.

Der Opferdienst, bescheidener Ausdruck unserer Ergebenheit, ist vollendet. Deine erhabene Herrschergüte ist unbegrenzt. Wie ein Töpfer hast du alle Lebewesen geschaffen. Groß und Klein sind von dir vollkommen umfangen. Deine allumfassende Güte ist eingegraben in die Herzen deiner geringen Diener, aber ich vermag meine Dankbarkeit nur unvollkommen zeigen. Mit großem Langmut hast du Geduld mit uns und trotz unserer Vergehen spendest du uns Leben und Glück. Geister und Menschen freuen sich miteinander und preisen dich, o Gebieter. Welche Grenzen, welches Maß kann es geben, während wir deinen großen Namen preisen? Für immer gründest du den hohen Himmel und gestaltest die feste Erde. Dein Regiment währt ewig. Als dein ergebener Diener beuge ich mein Haupt und lege es in den Staub. Wir haben gebetet und deinen großen Namen auf diese Steinplatte geschrieben. Nun opfern wir sie dir und werfen sie ins Feuer. Diese kostbaren Gaben an Seide und feinen Gerichten verbrennen wir gleichfalls, mit diesen aufrichtigen Gebeten, dass sie in Flammenbränden aufsteigen mögen in das ferne Firmament. Alle Enden der Erde schauen auf zu dir. Alle Menschen, ja, alles was auf Erden ist, freuen sich miteinander an deinem großen Namen."

Im Tempel des guten Jahres, einem Rundbau mit oben spitz zulaufender Kuppel, wurde zu Beginn des chinesischen Jahres mit ähnlichem Zeremoniell ein großes, vom Kaiser geleitetes Staatsopfer abgehalten. Dieses Opferfest galt nur dem Himmel und den kaiserlichen Ahnen, nicht aber anderen Göttern. In einem für dieses Opferfest vorgeschriebenen Gebet heißt es: „Der Kaiser hat sich sorgsam an die Spitze seiner Minister gestellt und bietet dir, dem höchsten Gebieter, ehrfurchtsvoll Jade, Seidenstoff, Opfertiere, süßen Wein, Hirse und Speisen aller Art als Opfergaben dar. Mit der Stirn auf der Erde betet er, dass du gnädig herniederschauen mögest, damit die Jahreszeiten Regen, Licht und Wärme genügend empfangen, dass die hundert Feldfrüchte sich dadurch gut entwickeln und die drei Landbaubetriebe (*auf bergigem, sumpfigem und flachem Boden*) sich auf deinen Beistand verlassen können. Auch opfert er den beistehenden Seelen der Kaiser. Mögen die Gaben angenommen werden."

Neben diesen Hauptopferfesten fanden auf dem runden Hügel auch weniger wichtige Feiern statt. So etwa wurde nach dem Tode eines Kaisers von seinem Nachfolger die Seelentafel vor dem Himmelsaltar aufgestellt und damit der Name des Verstorbenen seiner Ahnenreihe hinzugefügt. Darüber hinaus wurden auf dem runden Hügel im Auftrage des Kaisers von einem Prinzen dem Himmel wichtige Staatsereignisse mitgeteilt. Nach erfolgtem Regen wurde dem Himmel ein Dankopfer von einem Prinzen dargebracht, da der Regen als Erhöhung des Opfers im Tempel des guten Jahres galt.

Die Erde (Hwang Ti Ki - Kaiserliche Erdgottheit; Hou-tu - Kaiserin Erde)

Das große Erdheiligtum liegt im Norden Pekings, weil der Norden die Heimstätte des Yin, des Dunklen, ist. So wie bei dem Opfergelände des Himmels alle Hügel, Gebäude und auch die Umfassungsmauern rund sind, so ist bei der Anlage des Erdheiligtums alles viereckig angelegt. Den Mittelpunkt bildet ein quadratischer Erdhügel, der aus zwei Terrassen besteht, die kein Geländer haben. Um den Hügel herum führt ein Wassergraben, über den Brücken zu den Terrassen führen. Sinnbildlich ruht hier die quadratische Erde in dem sie rings umgebenden Ozean. Während beim Himmelsaltar, der im Süden liegt, das größte Opferfest zur Wintersonnenwende stattfand, wenn das Yang, das Licht, wieder zunimmt, so fand das Hauptopferfest für die Erde zur Zeit der Sommersonnenwende statt, wenn das Yin, die Dunkelheit, wieder wächst. Neben den kaiserlichen Ahnen wurden bei diesem Opferfest die Götter der fünf heiligen Gebirge und der fünf zweitwichtigsten Berge verehrt. Auch den vier Weltmeeren und den vier großen Flüssen wurden Opfer dargebracht. Das Opferfest selbst verlief ganz ähnlich wie das Fest am Himmelsaltar, nur dass die Opfergaben nicht verbrannt, sondern der Erde einverleibt, also vergraben wurden.

Die kaiserlichen Ahnen

Die Ahnen der herrschenden Dynastie wurden an drei Stätten verehrt. Die eine, der eigentliche Ahnentempel, lag auf dem Gelände des Kaiserpalastes. Hier fanden zu Beginn einer jeden Jahreszeit und am letzten Tage jeden Jahres Opferzeremonien statt. Geleitet wurden sie vom Kaiser, assistiert von Prinzen. Die zweite Stätte war der Tempel zur Aufbewahrung der Vorgänger, der ebenfalls im Bezirk des Kaiserpalastes lag. Außerdem wurde den einzelnen verstorbenen Kaisern in den großen, auf mächtigen Holzsäulen ruhenden Tempeln geopfert, die vor jedem Kaisergrab stehen. Die Gräber selbst bestehen aus hohen, mit Zypressen und Buschwerk bestandenen Erdhügeln. Sie liegen weit draußen im Lande. Alle wichtigen Staatsakte wurden den Toten durch Prinzen mitgeteilt.

Konfuzius

Die Verehrung des Konfuzius nahm im alten China, weit nach dem Tode des Weisen, derart zu, dass man sich entschloss, ihn zur Gottheit zu erheben. Konfuzius wurde in die kleine Zahl der Götter eingereiht, die vom Kaiser und von einfachen Priestern verehrt werden durften. Tempel zur Anbetung des Konfuzius entstanden im ganzen Lande. Die Haupttempel des Konfuzius befinden sich in Peking und in seiner Heimat Ku-fu. In einem dem Konfuzius gewidmeten Gebet des Kaisers heißt es: „Wie groß bist du, o vollendeter Weiser. Vollkommen ist deine Tugend und vollendet deine Lehre. Nie gab es deinesgleichen unter den sterblichen Menschen. Dich ehren alle Könige. Glorreich sind deine Satzungen und Gebote zu uns gelangt. Du bist das Vorbild in der kaiserlichen Schule. In Ehrfurcht wurde das Opfergerät aufgestellt, und voller Ehrfurcht lassen wir unsere Pauken und Glocken zu deiner Ehre erschallen." Und weiter: „In ehrfurchtsvoller Beobachtung der alten Satzungen bemühe ich mich nun in diesem zweiten Frühlings (*oder Herbst-*) Monat, dir Opfer an Schlachttieren und Seide, Wein und Früchten darzubringen. Mögen meine Opfergaben dich erfreuen." Bei den Festen der Anbetung des Konfuzius hielt der Kaiser üblicherweise vor den hohen Vertretern seiner Regierung eine ermahnende Rede über Sitte und Moral.

Die Götter zweiten Ranges

Zur Gruppe der zweitrangigen Götter zählen die Sonne, der Mond und der Gott des Ackerbaus. Letzteren, so lehrt die Überlieferung, soll ein Kaiser aus der Zeit um 2700 v.Chr. eingeführt haben, der auch den Ackerbau in China begründet hat. Dieser legendenumwobene Kaiser wurde als der göttliche Ackerbauer oder der rote Kaiser verehrt. Anlässlich des großen Opferfestes für diesen Gott musste der Kaiser ein Stück Land pflügen. Das von diesem Land geerntete Getreide durfte nicht verzehrt werden, sondern wurde als Opfergabe verwendet.

Ebenfalls zur Gruppe der Götter zweiten Ranges zählte die Kaiserin Sein-Tsan, die als Vorgängerin in der Seidenraupenzucht verehrt wurde. Sie war die Gemahlin des sagenhaften Kaisers der Urzeit Hunag-ti, der die Seidenherstellung erfunden haben soll. Die Anbetung dieser Göttin oblag der jeweils regierenden Kaiserin, der bei den Zeremonien von den Nebenfrauen des Kaisers, den Prinzessinnen, anderen hochgestellten Damen und Eunuchen assistiert wurde. Zum Ritual gehörte eine symbolische Vorführung der Seidenraupenzucht.

In der Rangfolge war der Platz des Konfuzius bis zum Jahre 1907 hinter den Kaisern. Mit Konfuzius zugleich wurde überall im chinesischen Reich der Seelen berühmter Weiser und Gelehrter Ehrerbietung erwiesen. In die Zahl dieser Heiligen schloss man auch jungverstorbene Menschen sowie Beamte und Bürger ein, die sich in besonderer Weise durch Tugend, vor allem durch kindliche Pietät, hervorgetan hatten. Darüber hinaus galt auch

Witwen, die nach dem Tod ihres Gatten keusch gelebt oder aus Treue Selbstmord begangen hatten, höchste Verehrung.

Die letzten Stellen unter den Göttern zweiten Ranges nahmen die Himmlischen Götter, die Irdischen Götter und der Gott des großen Jahres ein. Als Gott des großen Jahres galt der Planet Jupiter, weil sein Lauf sich in zwölf Jahren stets wiederholte. Die Himmlischen Götter waren Wolken, Regen, Wind und Donner, die Irdischen Götter Berge, die vier Weltmeere und die vier großen Flüsse. Als Meere wurden die vier Ozeane bezeichnet, die die quadratisch gedachte Erde umgeben. Als die vier großen Flüsse wurden der Yang-tse, der Huai, der Huangho und der Fluss Tsi (*in Shantung*) bezeichnet.

Die Götter dritten Ranges

Je geringer der Stellenwert der Götter war, desto größer war ihre Zahl. An der Spitze der Gottheiten dritten Ranges standen hier die Ärzte, die mit den Urkaisern Fuhi, Shen-nung und Hunag-ti als identisch betrachtet wurden. Es folgten Kwang-ti, der Gott des Krieges, der auch ein vergöttlichter Held eines altchinesischen Romans war. Dann folgten Wen-tschang, der Gott der Literatur, Peh-kih-kiün, der Gott des Nordpols, Huo-shen, der Feuergott und schließlich die Kanonengötter. Am ersten Tage des letzten Herbstmonats wurden die Kanonen des Heeres zu einer heiligen Stätte gefahren. Dort wurden ihnen von hohen Offizieren Opfer darge-bracht. Es folgten die Gottheiten der Stadtmauern, des Berges Tai-shan in der Provinz Schan-tung und die Drachengötter, die Lung-shen. Diese Drachengötter beherrschten den Regenfall, die Wasserläufe der Erde und auch die Quellen. Die Drachengötter, die in der Erde hausten, spielten in der Volksreligion eine große Rolle. Den Abschluss bildeten die Götter des Meeres, der Gott der Bau-werke, die Götter der Porzellanöfen und der Stadttore, die Götter der Vorratskammern, die Provinzgötter, die vergöttlichten Beamten und schlussendlich die Seelen der Toten, die keine Familie hatten, die ihrer gedachten.

Nach unten hin ist diese Reihe noch längst nicht abgeschlossen, denn den Chinesen schien die ganze Welt von guten Geistern (*shen*) und von Dämonen (*kwei*) bevölkert zu sein. Viele wurden nicht im ganzen Land, sondern nur in einzelnen Teilen des Reiches verehrt. Landesweit anerkannt wurden sie erst in dem Moment, in dem sie in den staatlichen Kanon aufgenommen wurden. Wenn der Kult um nicht anerkannte und nur regional verbreitete Gottheiten mit enthusiastischen religiösen Bewegungen oder politischen Geheimbünden verbunden war, wurde er rasch verboten und die Götter abgesetzt. Andererseits wurden auch solche Gottheiten, wenn sie sich als wirkmächtig erwiesen hatten, oft kanonisiert und mit einem klangvollen Ehrentitel versehen. Dieses System der Absetzung oder Erhöhung niedriger Gottheiten war noch bis zum Jahr 1912 in China recht lebendig und wurde mit heiligem Ernst gehandhabt. Im Jahre 1887 stand in der „Pekinger Staatszeitung" folgender kaiserlicher Erlass: „Der Hauptfluss von Jeho kommt von Nordosten und heißt Wuh-lieh. Als im vergangenen

August die große Schleuse repariert wurde, regnete es ununterbrochen drei Tage lang, so dass der Fluss um zwei Fuß stieg und über die Ufer trat. Ein Hilfsdamm genügte nicht, um die Gefahr zu bannen. Auf Anregen der Bevölkerung begab sich der Bittsteller, der Militär-Gouverneur von Jeho, zum Tempel des Flussgottes und betete ernsthaft zum ‚General des Wu-lieh-Flusses‘. Der Wasserstand fiel augenblicklich, und die Gefahr verschwand vollends. (...) Als die Arbeiten im September wegen starken Regens wiederum eingestellt werden mussten, wurde dem Bittsteller angezeigt, dass der Geist des Flussgottes leibhaftig vor dem Altar des goldenen Drachenfürsten erschienen sei. Der Bittsteller, begleitet von Beamten und Arbeitern der Flusswerke, eilte zum Tempel und brachte dem Flussgott Gebete und Opfer dar. Nachdem das geschehen war, fiel das Wasser sofort um einen ganzen Fuß. Es ist nun der Wunsch sowohl der Beamten als auch des Volkes, dass dem Flussgott aus Dankbarkeit ein Ehrentitel verliehen werde. Die Sache wird an das Kultusministerium überwiesen.“

Die Anzahl der göttlichen Wesen vermehrt sich also dauernd, aber es verschwanden auch wieder Götter und ihre Tempel verfielen. Alles, was den Menschen übermenschlich wirksam erschien, wurde, solange das der Fall war, verehrt. So etwa wurde der katholische Missionar Faber, der im 17. Jahrhundert in China wirkte, noch bis ins 20 Jahrhundert hinein in den Provinzen Shen-si und Kan-su als Gott verehrt. In der Stadt Hsin-ing-fu wurde einer alten Kanone aus dem Hause Krupp, die 1895 bei der Nieder-schlagung eines Aufstandes gute Dienste geleistet hatte, göttliche Verehrung zuteil. Man vollzog den Kotau vor ihr und bestrich die Öffnung des Rohres mit Menschenblut. Hohe Ehrerbietung genossen Fabeltiere wie der Drache, der Phönix, das Himmelspferd, der Hahn mit dem Menschengesicht oder das Einhorn, aber auch real existierende Tiere wie der Tiger, der Fuchs, der Dachs oder die Schlange, erfreuten sich der Anbetung. Man verehrte sie in Form von Stein- und Metallfiguren, aber auch als lebende Exemplare in speziell ihnen geweihten Tempeln.

Die Verehrung dieser vielen Volksgötter beschränkte sich nicht nur auf kultische Handlungen in den Tempeln. Auch in den Häusern stellte man Figuren der Götter auf, die man für besonders heilversprechend hielt und brachte ihnen Gebete und Opfer dar. Auf dieser untersten Ebene berühren sich die offizielle Staatsreligion und die taoistische Volksreligion. Die Grenzen beider Religionen verschwammen und beide gingen fließend ineinander über.

Die Ahnenverehrung

Das jenseitige Schicksal des Menschen

Neben dem von staatlicher Seite gepflegten Kult um die Verehrung der Götter ist noch ein weiterer Aspekt der konfuzianischen Staatsreligion nicht zu vernachlässigen: die Ahnenverehrung. So wie der Staatskult den rechten Ablauf der Weltgesetze des Tao im Großen pflegen, regeln und sichern sollte, so bewerkstelligte dies der Toten- und Ahnenkult im Kleinen, in der Familie.

Im konfuzianischen Denken wurde die menschliche Geisteskraft, die mit dem Tode körperlos geworden war, als weiterhin existierend angenommen. Die menschliche Seele existierte gewissermaßen in drei Teilen fort. Ein Teil weilte in der Gemeinschaft der Geister und Götter, ein anderer verharrte bei dem toten Körper im Sarg und der dritte Teil verblieb bei der Ahnentafel. Die Ahnentafel ist ein kleines Holzbrett mit dem Totennamen der Verstorbenen, das im Ahnenschrein aufgestellt wurde. So hatte jeder verstorbene Mensch weiterhin Anteil an den Schicksalen der ihm nachfolgenden Geschlechter. Und als solche weiterhin mit ihnen lebende Wesen wurden die Toten von ihren Nachkommen behandelt. Die Beziehungen zwischen den lebenden und den verstorbenen Mitgliedern der Familie waren von doppelter Gestalt. Die Toten, die jetzt über übermenschliche geistige Macht verfügten, konnten den Angehörigen mehr Segnungen senden oder auch

Schaden zufügen, als zu ihren Lebzeiten. Daher hatten die Lebenden Angst vor den Toten und suchten sich gut mit ihnen zu stellen. Die Toten aber brauchten zugleich auch die Lebenden, denn ihr Schicksal im Jenseits war nur erträglich, wenn sie von den Hinterbliebenen ausreichend mit Speisen und mit Totengeld versorgt wurden. Da nur Männer den Totenkult ausüben durften, musste dafür gesorgt werden, dass männliche Nachkommen da sind, zur Not auch durch Adoption. Daher war die Enttäuschung, wenn ein Mädchen geboren wurde, groß, denn der Zweck einer Ehe bestand auch darin, das Wohlergehen der Ahnen im Jenseits zu sichern. Den tiefen Respekt, den man in China den alten Männern und Frauen entgegenbrachte, beruhte nicht nur auf tief verwurzelter Sittlichkeit, sondern auch auf Furcht. Diese Alten würden bald Ahnen sein, und wenn man sie schlecht behandelte, so würden sie als Tote in der Lage sein, sich an den Angehörigen zu rächen, denn dann hätten sie die Macht dazu. Im alten China betrachtete man den Tod als etwas Natürliches und Selbstverständliches, und der Widerstand gegen das Sterben-müssen war nicht sehr groß. Als eine besondere Tat kindlicher Pietät galt es etwa, den noch lebenden Eltern nicht nur wertvolle Totengewänder, sondern auch Särge zu schenken. Mit Stolz wurden die Särge den Gästen des Hauses gezeigt. Aus Sicht der Chinesen wurde ein lebendiger Zusammenhang zwischen der Existenz der Lebenden und jener der Toten angenommen. Der Totenkult in China war in diesem Sinne nicht nur pietätvolle, dankbare Pflege des Andenkens an die Toten, sondern diente dem direkten Verkehr zwischen dem noch lebenden und dem sich bereits im Totenreich befindenden Teil der Familie.

Im Bereich der persönlichen Frömmigkeit gingen der taoistische Glaube von der Heimkehr des Ich in das Tao und die konfuzianische Vorstellung vom Fortleben der Seele, halb im Diesseits, halb im Jenseits, ineinander über. Die Chinesen des alten Reiches kannten jedenfalls die Furcht vor dem Tode nicht in dem Maße, wie wir sie in Europa kennen. Weil das Ichbewusstsein in Europa stärker ausgeprägt ist, klammern sich die Menschen hier stärker an das Leben als in China. Die Chinesen sahen dem Sterben gleichmütiger zu, da sie nach ihrem Ableben im Verband der Geisterwelt und der Familie verblieben. Als im Jahre 1900 zwei bis dahin angesehene Staatsmänner hingerichtet wurden, schieden sie völlig gefasst aus dem Leben. Einer von ihnen sagte: „Ich sterbe unschuldig, Es wird die Zeit kommen, da mein Name mit Dankbarkeit genannt werden wird, und zwar noch lange, nachdem euch prinzlicher Bösewicht (*der Vollstrecker der Todesurteile*) euer wohlverdientes Geschick ereilt hat." Dann wandte er sich an seinen Mitverurteilten: „Wir werden uns alsbald bei den gelben Quellen (*in der Geisterwelt*) wiedersehen. Sterben ist nichts anderes als heimkehren." Das waren seine letzten Worte.

Im Hinblick auf den Tod nahmen die Chinesen nicht an, dass sie nach diesem Leben ein anderes Leben leben würden, aber sie glaubten fest daran, dass ihre Kinder, Enkel und Urenkel an sie denken und sie allezeit lieben würden. In dieser Überzeugung war für sie das Sterben wie das

Antreten einer langen Reise, verbunden mit der Hoffnung auf ein Wiedersehen in der Totenwelt. Der Kult der Ahnenverehrung spendete den Chinesen denselben Trost, wie es der Glaube an ein zukünftiges Leben in anderen Kulturen tat. Natürlich stellte man sich das Jenseits in den einzelnen Bildungsschichten des Volkes mal eher immateriell und geistig, mal auch mehr konkret und materiell vor, aber an die Grundideen glaubte die gesamte Bevölkerung fest.

Die Verehrung der Toten

Mit größter Genauigkeit wurde die Bestattung der Toten nach den im Buch Li-ki, dem Buch der Riten, festgelegten Gebräuchen vollzogen. Der erste Akt ist das Zurückrufen der Seele. Im Li-ki heißt es: „Sobald jemand gestorben war, stieg man auf das Dach des Hauses und rief ihn an, indem man sprach: ‚Hallo! N.N. kehre zurück!' Dann legte man dem Toten ungekochten Reis und ein Stück gekochten Fleisches in den Mund. Zum Himmel emporblickend, begruben sie ihn dann in der Erde, denn die körperliche Seele steigt hinab und der erkennende Geist steigt empor. Daher ist das Haupt der Toten nach Norden, dem Sitz des Himmels gerichtet, während die Lebenden nach Süden, dem Sitz der Erde blicken. In diesem allen befolgt man die Bräuche, wie sie von Anfang an üblich waren." Schon das Zurückrufen der Seele erfolgte unter lautem Wehklagen der Angehörigen und auch danach erfüllte das Jammern der Klagefrauen das Haus. Die Leiche wurde gewaschen und zur Reinigung von ihren Sünden mit Wasser besprengt. Sie wurde dann in neue Kleider gehüllt und auf ein Brett gelegt. Auf die geschlossenen Augen des Verstorbenen legte man Totengeld oder kleine Silberbarren aus Papier. Manchmal steckte man den Toten auch Geld in den Mund. Wer es sich leisten konnte, verbrannte auch ein gutes Gewand und Totengeld aus Gold- oder Silberpapier. In jedem Fall stellte man Speiseopfer und die liebsten Gebrauchsgegenstände des Toten neben der Leiche auf. Verwandte und Freunde erhielten eine schriftliche Mitteilung über den Trauerfall. In diesem Schreiben beklagte der Verfasser üblicherweise, dass er den Tod des Verstorbenen durch sein eigenes sündhaftes Verhalten verschuldet habe. Die Benachrichtigten kamen dann zu Beileidsbesuchen vorbei, bei denen sie Opfergaben oder auch ein Geldgeschenk für die Bestattung mitbrachten. Gerne holte man buddhistische und taoistische Priester, vor allem buddhistische, zu den Begräbniszeremonien hinzu. Die Priester vollzogen Zeremonien und verursachten im weiteren Verlauf der Bestattung mit allerlei Instrumenten ziemlichen Lärm, der der Abwehr böser Geister dienen sollte. Der Buddhismus hatte die Leichenverbrennung nach China eingeführt, die aber im Jahre 1371 als respektlos gegenüber den Toten eingestuft und von staatlicher Seite verboten wurde. Seitdem war die Erdbestattung in China allgemein üblich. Am dritten Tag nach dem Tode erfolgte die Einsargung der Leiche. Der Sarg musste immer rot gestrichen sein, da Rot als die Farbe des Lebens galt. Der Deckel wurde fest aufgeleimt. Am Kopfende des Sarges war der Name des Verstorbenen eingeschnitzt. Normalerweise erfolgte dann bald das Begräbnis, aber weil ein

Begräbnis eine sehr teure Angelegenheit war, waren arme Leute oft nicht in der Lage, den Toten sogleich zu bestatten. In solchen Fällen gab man den Sarg in ein Aufbewahrungslager für Särge oder man stellte ihn außerhalb der Ortschaft auf ein ödes Stück Land und bedeckte ihn mit ein wenig Erde oder Lehmziegeln. Verstorbene, die wegen der Armut ihrer Angehörigen jahrelang nicht zur Ruhe kommen konnten, wurden in der Regel auf öffentliche Kosten oder mit Hilfe von Stiftungen reicher Leute beigesetzt. Die Hinterbliebenen hatten sofort nach dem Tode alle bisherigen Kleider und allen Schmuck abzulegen. Im Haus der Trauernden durfte nicht gekocht werden, man fastete, saß beim Essen auf der Erde, schlief auch auf der Erde und kleidete sich von Kopf bis Fuß in grobe Sackleinwand. Wenn der Tote aus dem Hause getragen wurde, fand ein feierliches Abschiedsopfer statt, und im Augenblick des Hinaustragens versteckten sich die Hinterbliebenen, damit ihnen der Tote wegen eines eventuellen Fehlers in den Trauerriten nichts Böses zufügen konnte. Eigentlich sollte man den Toten nicht zur Haustür hinaustragen, sondern den Sarg durch ein Fenster oder ein in die Wand geschlagenes Loch hinausheben, damit die Dämonen, die an der Tür lauerten, den Toten nicht packen und quälen konnten. Im Trauerzug wurde der Sarg auf einer mit einem Baldachin geschmückten Bahre getragen. Vor und hinter dem Sarg gingen die nächsten Angehörigen, dahinter folgte der Trauerzug der Freunde, Arbeitskollegen und Bekannten. Der Zug wurde angeführt von zwei Männern mit großen Laternen, auf denen in blauer Schrift die Personalien des Toten zu lesen waren. Man trug außerdem Nachbildungen von Häusern, Tieren und Frauen aus Papier sowie Tischchen mit Opfergaben mit sich. Zur Besänftigung der hungrigen Seelen streute man Papiergeld auf den Weg. Priester begleiteten den Zug, Gongschläger und Musikkapellen ließen ihre Instrumente ertönen. Ein weißer Hahn wurde als Sinnbild und Sitz der neuen Seele zum Grabe getragen, wo er tatsächlich oder auch nur symbolisch geopfert wurde. Beim Tode sehr angesehener Männern wurden große Tafeln mitgeführt, die von allen guten Taten, Titeln und Ehren des Toten berichteten. Zwei Sänften begleiteten den Trauerzug, in einer wurde ein Bild und in der anderen die Ahnentafel des Toten getragen. Ein chinesischer Leichenzug sah sehr ungeordnet aus, da niemand sich im Tempo nach dem anderen richtete. Das Grab wurde nicht sehr tief ausgehoben, der Sarg wurde etwa zu ebener Erde beigesetzt. Über dem Sarg schüttete man einen runden, oben spitz zulaufenden Erdhügel auf, dessen Größe vom Rang des Toten in der Welt abhing. Am Grab wurden die Papierfiguren verbrannt, Priester sprachen Gebete, der Hahn wurde geopfert, Speisen wurden hingestellt und laut lärmende Feuerwerkskörper angezündet. Die Grabsteine, oftmals zwei, standen am Fußende des Grabes. Auf den Grabsteinen stehen neben kurzen Angaben über die Person auch Inschriften wie: „Sein wohlriechender Name soll auf hundert Generationen herabduften", „Empfing kaiserliche Auszeichnung", „Seinen Urenkeln zum Beispiel", „Seine Jahre sollen tausend Millionen sein."

Für die Hinterbliebenen folgte nach der Beisetzung eine Zeit voller Trauerverpflichtungen. Drei Wochen lang mussten die Hinterbliebenen Kleidung aus Sackleinen tragen. Danach war weiße Trauerkleidung üblich und nach sieben Wochen durfte auch Blau oder Schwarz getragen werden. In den ersten sieben Wochen nach der Beerdigung durften sich die Männer weder rasieren, noch die Haare schneiden lassen. Auch die Fingernägel durften nicht geschnitten werden, und man musste mit den Fingern anstatt mit Essstäbchen essen. Am unangenehmsten war die Trauerzeit für Studenten und Beamte. Während der gesamten Trauerperiode – das waren bei der Trauer um den Vater drei Jahre (27 *Monate*), bei der Trauer um die Mutter, Gattin, Schwester oder ein Kind ein Jahr – war es weder erlaubt, ein Examen abzulegen, noch ein öffentliches Amt zu bekleiden. Beamte mussten ihr Amt niederlegen und bis zum Ablauf der Trauerfrist ruhen lassen. Übertretungen der familiären Trauerriten wurden mit schweren Strafen durch die Behörden belegt. Die Strafe konnte, je nach Schwere der Verfehlung, in einer Degradierung oder auch in einer Prügelstrafe bestehen.

Beim Tode eines Kaisers musste jeder Beamte hundert Tage lang einen weißen Anzug aus Fell tragen, ebenso lange durften sich alle Chinesen nicht rasieren oder die Haare schneiden lassen. Die Frauen durften keinen Schmuck tragen, und ein ganzes Jahr lang fanden keine öffentlichen Festveranstaltungen statt. In diesem Jahr durften, abgesehen von fünf Gnadentagen, keine Ehen geschlossen werden. Niederen Beamten war es auf jeden Fall verboten, im

Trauerjahr zu heiraten, bei höheren Beamten währte dieses Heiratsverbot sogar 27 Monate.

105 Tage nach der Wintersonnenwende, also Anfang April, wenn das Gras grün (Tsing) und die Luft klar (Ming) war, wurde das Tsing-Ming-Fest begangen. Man reinigte die Gräber, brachte Opfer dar und steckte zum Zeichen, dass den Toten gedacht wurde, weiße Papierfähnchen auf die Grabhügel. Im Spätherbst, am 15. Tag des 7. chinesischen Monats, fand das Schattenfest statt. An diesem Tag kamen die Seelen der Toten aus dem Jenseits zu den Lebenden zu Besuch. In einem allein den Toten überlassenen Zimmer des Hauses wurde ein Tisch aufgestellt, der mit allerlei Speisen gedeckt war. Am Morgen begrüßte man die Seelen an der Haustür, geleitete sie in den Ehrenraum, den während des Tages niemand betreten durfte, und am Abend begleitete man die Seelen wieder hinaus.

Zu jedem Begräbnis brauchte man aber neben den buddhistischen und taoistischen Priestern noch eine andere Art von Helfern, die Feng-shui-Gelehrten.

Das Feng-shui und die Feng-shui-Gelehrten

Feng-shui heißt so viel wie „Wind und Wasser." Sowohl die gesamte Menschheit als auch jeder einzelne hatte nach altchinesischer Auffassung die wichtige Aufgabe, im Einklang mit der Natur zu leben. Dazu musste man die geeignetsten Tage für bestimmte Vorhaben kennen und dafür Sorge tragen, dass die Handlungen in der korrekten, traditionellen Weise ausgeführt wurden. Ein eigenes Reichsamt, das

Tien- Kein, das Amt für die gehorsame Übereinstimmung mit dem Himmel, hatte nicht nur die Aufgabe den Kalender zu bestimmen, sondern auch den jeweiligen Zeitpunkt und die konkrete Örtlichkeit bei der Umsetzung von Plänen herauszufinden. Die Rede ist von der der Geomantik, also der Kunst, unter Berücksichtigung von Yin und Yang die geeignetsten Orte für Bauvorhaben oder die Anlage von Gärten zu finden. Das Verhältnis von Yang und Yin findet sich aber nicht nur in der Natur, sondern auch im menschlichen Körper. Die Balance zwischen diesen beiden Kräften zu bewahren oder wiederherzustellen, galt und gilt als eigentliche Aufgabe der traditionellen chinesischen Medizin.

Nach altüberlieferter chinesischer Auffassung gab es viermal sieben Sternbilder, die die Menschheitsgeschichte und das Erdgeschehen beeinflussten. Die jeweils sieben Sternzeichen wurden vier Sinnbildern zugeordnet: dem blauen Drachen, dem roten Vogel, dem weißen Tiger und der schwarzen Schildkröte. Am wichtigsten waren der Drache (*Yang*), der das Wasser und der Tiger (*Yin*), der die Winde beherrschte. So hing alles Geschehen von Wind und Wasser, also vom Feng-shui ab. Die günstigsten Einflüsse der beiden Elemente mussten von den Feng-shui-Fachleuten für alle Örtlichkeiten präzise herausgefunden werden, sonst konnte nichts im Leben gelingen. Darum kam diesen Gelehrten bei Hausbauten, der Anlage von Tempeln und Gräbern sowie beim Ackerbau eine wichtige Rolle zu. Sie bemühten sich festzustellen, ob an einem bestimmten Platz und in seiner Umgebung ein günstiges Gleichgewicht von Yang und Yin sowie ein harmonisches Zusammenstimmen der fünf Elemente vorhanden war. Die fünf Elemente sind Feuer, Wasser, Erde, Holz und Metall. Bei diesem komplexen, aus klassischen Texten hervorgegangenen Lehrsystem spielte die Zahl fünf eine große Rolle. Es gab fünf Himmelsgegenden: Norden, Osten, Süden, Westen und die Mitte. Es gab fünf Jahreszeiten: Winter, Frühling, Sommer, Herbst und die Mitte, die 72 Tage umfasste. Dann waren da noch die fünf Farben (*Schwarz, Grün, Rot, Gelb und Weiß*) sowie die fünf Tugenden Weisheit, Liebe, Stille, Gerechtigkeit und Wahrheit. Aus Bodenwellen, Wasseradern, Flüssen, der Erdbeschaffenheit, dem Stand der Sonne, des Mondes und der Sterne, dem Wind und anderen real vorhandenen oder der Phantasie entsprungenen Merkmalen wurden die richtigen Orte und Verhaltensregeln abgeleitet und empfohlen. Von der richtigen Lage eines Hauses hing unmittelbar das Schicksal seiner Bewohner ab. War der Platz sehr günstig gewählt, wurde das im Haus geborene Kind sicher ein hoher Beamter. Auch die Gesundheit der Hausbewohner, das Gedeihen des Viehs und der Feldfrüchte, alles wurde durch die Lage bestimmt. Darum war es auch so wichtig, den besten Platz für ein Grab zu finden. Man setzte die Toten nicht einfach auf Friedhöfen bei, sondern bestellte einen Feng-shui-Gelehrten. Dieser suchte nun mit Hilfe seiner Fachbücher und spezieller Messgeräte irgendwo im Felde einen günstigen Platz aus, den die Angehörigen dann kaufen mussten. Daneben mussten sie natürlich auch die oft tagelang dauernden Bemühungen der Feng-shui-Gelehrten bezahlen. So lagen denn im alten China die Gräber überall auf den Äckern zerstreut. Wohlhabendere Familien ließen sich zwar für all ihre Gräber einen passenden Platz für einen Familienfriedhof aussuchen, wobei dann doch wieder für jedes einzelne Grab das Feng-shui festgestellt werden musste. War das geschehen, so hatte der Tote genau dort den Platz, wo er sich in seinem Grab wohlfühlte. Wenn nun aber in der Umgebung auch nur die geringste Veränderung eintrat, so war das Feng-shui gestört, und es drohte Unheil. So konnte das Feng-shui eines Grabes, eines Tempels, eines Hauses, ja, einer ganzen Stadt zerstört werden. Das Fällen eines Baumes, ein Stein, von Feinden der Familie auf ein Grab gelegt, ein anderes Grab, das zu nahe oder falsch angelegt war, ein Haus, das in falscher Richtung zu den bisherigen gebaut wurde, all das konnte das Feng-shui stören. Ein gestörtes Feng-shui erzürnte die Geister und störte ihren Frieden. In einem solchen Falle waren neue Forschungen nötig, denen nicht selten erbittert geführte Fehden folgten.

Im 19. Jahrhundert hatten zwei Dinge wegen ihrer vermeintlichen Wirkung auf die Gesetzmäßigkeiten des Feng-shui zu schweren Unruhen in der Bevölkerung geführt, das waren die Eisenbahn und die Niederlassungen der Missionare im Inneren des Landes. Beim Bau von Eisenbahnlinien wurden die Feng-shui-Gelehrten nicht hinzugezogen. Es wären auch keine tauglichen Ergebnisse dabei herausgekommen, da ein Schienenstrang auf möglichst geradem Weg zum Ziel führen musste und man sich bei der Streckenplanung nicht um Drachen-, Berg-, Fluss- und Tigergottheiten und deren Ruhe kümmern konnte. Aber aus chinesischer

Sicht störte der Bau der Bahnen die Harmonie der Naturkräfte. Die Lokomotiven dampften, unbekümmert um die Ruhe der Toten, durch das Land, da man natürlich auch nicht die auf der für den Gleisbau gewählten Strecke liegenden Gräber verschonen konnte. Den Angehörigen wurden wohl Entschädigungen gezahlt, aber oft besänftigte das den Zorn der Menschen nicht. Nach Fertigstellung einer der ersten Bahnstrecken in China war der Volkszorn so heftig, dass die Regierung sich genötigt sah, die Strecke aufzukaufen und wieder abzubauen.

Während die von vielen Chinesen gehassten Fremden bis gegen Ende des 19. Jahrhunderts nur in wenigen Hafenstädten wohnen durften, ließen sich die christlichen Missionare auch im Inneren des Landes nieder. Dort bauten sie ihre Häuser und Kirchen, ohne jede Rücksicht auf das Feng-shui zu nehmen. Sie bauten die Gebäude so, wie es ihnen praktisch und richtig erschien. Die Chinesen sahen diese Fremden als Verbreiter einer fremdartigen Religion ohnehin nur ungern im Lande und durch die Missachtung des Feng-shui geriet in ihren Augen das allgemeine Wohl in Gefahr. Ereignete sich etwa eine Naturkatastrophe, so lag nichts näher, als die Schuld daran diesen Fremden zu geben, die mit ihrer unerhörten Nichtbeachtung des Feng-shui alle Gesetze des Gedeihens aufgehoben hatten. Aus diesem Grund kam es wiederholt zu Aufständen und Gewalttaten gegen die Missionsanstalten und gegen einzelne Priester.

Im Weltbild der Chinesen findet sich im Körper des Menschen das gleiche System der Kräfte und Elemente wie in der Natur und im ganzen Weltall. Die fünf Bestandteile, von denen bereits die Rede war, die Himmelsrichtungen, Jahreszeiten, Farben und Tugenden, finden alle ihre Entsprechung im menschlichen Körper. So entsprechen etwa die Nieren dem Norden, die Leber dem Osten, das Herz dem Süden, der Magen der Mitte und die Lunge dem Westen. Den inneren Organen sind auch göttliche Tiere und Fabelwesen zugeordnet: den Nieren das Moschustier, der Leber der Drache, dem Herzen der Phönix, dem Magen der Pfau und der Lunge der Tiger. Die Kunst der Medizin besteht nun darin, durch die Untersuchung, wo und wie das Gleichgewicht der Organe gestört ist, die Krankheit zu lokalisieren. Der Arzt muss herausfinden, ob zu viel Wasser oder Feuer, Metall oder Holz, zu viel Salziges oder zu wenig Süßes im Körper vorhanden ist. Die Heilung erstrebt man durch die Mehrung oder Minderung des entsprechenden Elements. Diese Heilkunst, die starke religiöse Aspekte beinhaltet, wurde früher in der Regel von taoistischen Priestern ausgeübt. Zur Heilung werden Substanzen eingesetzt, die den Menschen des Westens seltsam und manchmal abstoßend erscheinen. Die Ärzte verschreiben zermahlene Tigerknochen, getrocknete Seidenwürmer, den Speichel von Kröten, die Galle von Tieren, Sehnen des Hirsches, Urin von Knaben, den Kot von Kaninchen, Ratten und Menschen, den Penis von Hunden, Eseln und Schafen, Holzasche, Erde und vieles andere mehr. Viele dieser Mittel werden auch heute noch zur Wiederherstellung der verlorengegangenen Harmonie der Grundelemente des Körpers eingesetzt.

Der Niedergang des Konfuzianismus im 19. und 20. Jahrhundert

Das chinesische Religionssystem bestand aus dem in sich geschlossenen Bau des Konfuzianismus, ergänzt durch den im ganzen Land und in allen Volksklassen verbreiteten Taoismus. Es beruhte auf einer systematisch durchdachten Naturphilosophie, die mit starken ethischen Elementen durchwoben war und wurde von der Institution des Kaisers gestützt. Den Söhnen des Himmels und seinem Beamtenstab ist es über Jahrtausende hinweg gelungen, das riesige Land, dessen einzelne Völker durch Klima, Wirtschaftslage, Temperament und Traditionen so stark voneinander abweichen wie die Völker Europas, als Staatswesen zusammen zu halten. Das ist zweifellos eine gewaltige Leistung, die man nicht hoch genug einschätzen kann. In den Augen der Chinesen hatte sich das chinesische Staats- und Religionssystem als tragfähige Grundlage allen Zusammenlebens durch die Geschichte hindurch bewährt. Daher verwundert es nicht, dass der chinesische Staat streng darüber wachte, dass keine fremde Religion in China Boden gewann. Wenn des ungeachtet fremde Religionen zugelassen wurden, so wurde von diesen erwartet, dass sie sich dem geltenden System unterordneten und seine fundamentalen Anschauungen und Einrichtungen respektierten. Nur einer fremden Religion ist es tatsächlich gelungen, sich in China auszubreiten und große Beliebtheit bei der Bevölkerung zu erlangen, dem Buddhismus. Aber auch der Buddhismus hat sich in China nicht frei entfalten können. Immer dann, wenn er den staatlichen Institutionen zu mächtig geworden war, musste er die ganze Härte des Staates erfahren und war brutalen Verfolgungen ausgesetzt.

Bis zum Ende des 19. Jahrhunderts waren die Chinesen fest davon überzeugt, dass China, das Reich der Mitte, durch seinen Kaiser die Herrschaft über die ganze Erde ausübte. Alle anderen Völker waren nur an den Rändern der Erde wohnende, dem Kaiser zu Gehorsam verpflichtete Stämme. Seit ältester Zeit schon waren fremde Völker in China eingefallen. Die Mongolen und die Mandschus waren sogar zu Herren Chinas geworden. Diese Völker siegten zwar militärisch, unterwarfen sich aber den traditionellen chinesischen Grundanschauungen und das Leben in China ging weiter wie immer. Nichts und niemand schien dieses riesige Land, das unter dem Schutze des Himmels die Stätte wahrer Kultur war, erschüttern zu können. China blieb immer, was es bereits seit Tausenden von Jahren war. Ab 1840 zwangen die westlichen Staaten, gestützt auf ihre überlegenen Waffen, China immer wieder zu Zugeständnissen und zu erniedrigenden Verträgen, ja sogar zur Einfuhr von Opium. Die chinesische Regierung sah darin vor allem ein dreistes Vorgehen unbotmäßiger Vasallen. Aus taktischen Gründen ließ sich die Regierung dazu herab, diesen Eindringlingen Zugeständnisse zu machen, aber die Verpflichtung, sich an Vereinbarungen mit ihnen zu halten, sah sie nicht. Vielmehr wollte sie in näherer oder fernerer Zukunft die Fremden mit starken Truppen zur Räson bringen und sie wieder aus dem Reich hinauswerfen. Ganz in diesem Sinne ließ im Jahre 1852 Kaiser Hsien-feng verlautbaren: „Des Reiches Würde soll wiederhergestellt, die Verträge sollen umgangen werden. Die Barbaren an der Reichsgrenze müssen zu ihrer früheren Ehrfurcht vor der himmlischen Macht zurückkehren und wie früher dem Himmelssohn unbedingten Gehorsam leisten."

Vasallen befiehlt man oder man erweist ihnen durch Geschenke kaiserliche Gnade. Daher zeigten alle staatlichen Erlasse denselben Tonfall, den man bereits 1782 angeschlagen hatte, als man auf Druck Russlands hin den zeitweise verbotenen Handel mit dem Zarenreich wieder freigeben musste. Damals gab der Kaiser von China den Russlandhandel mit den Worten wieder frei: „Da der große Kaiser allen Menschen seine Liebe gleichermaßen zuwendet, erträgt er es nicht, dass die Untertanen eures Landes Mangel leiden (*durch die Handelssperre*). Daher hat eure Behörde lautstark darum gebeten, den Handel wieder zu gestatten. So wird es hiermit genehmigt. Wenn aber noch einmal Zwist entsteht, dann wird alle Hoffnung auf eine Wiederherstellung des Handels vergeblich sein."

Im Jahre 1873 erkämpften sich die Gesandten der fremden Mächte das Recht, ohne Niederwerfung, den Kotau, vom Kaiser empfangen zu werden. Auch da äußerte sich die chinesische Regierung so, dass der Kaiser diesen Barbaren, die die einzig angemessene Art des Verkehrs mit dem Kaiser verweigerten, aus reiner Gnade diese Umgangsform erlassen würde. Die Chinesen waren der

Überzeugung, dass die Fremden die hochfliegenden Ideen einer chinesischen Welttheokratie nicht berücksichtigen konnten, weil sie sie nicht oder noch nicht verstanden hatten. Als dann aber das Auftreten der Europäer und Amerikaner immer respektloser und schließlich auch brutaler wurde, da dämmerte den Chinesen allmählich, dass ihre Vorstellungen von der chinesischen Welttheokratie nicht der Wirklichkeit entsprachen. China musste allmählich, wenn auch höchst widerwillig erkennen, dass neben ihm andere, ebenfalls mächtige Staaten existierten, die man als ebenbürtig ansehen und behandeln musste. Ein entscheidender Wendepunkt im Verhältnis zu den ausländischen Mächten war der Aufstand der Boxer und dessen brutale Niederwerfung im Jahre 1900. Die fremden Mächte sicherten sich im Friedensvertrag von 1901 weitgehende Rechte und legten dem Reich eine hohe Summe an Kriegsentschädigung auf. China war nun mehr als zuvor zum Spielball der Siegermächte geworden. Die Niederlage der Boxer leitete den endgültigen Untergang der konfuzianischen Welt ein, die China so sorgfältig aufgebaut und die sich bis dahin gut bewährt hatte.

Viele Ereignisse erschütterten im frühen 20. Jahrhundert direkt das Zentrum des chinesischen Systems. Andere Vorgänge im Reich wirkten mehr indirekt und auf Nebengebieten, aber doch nicht weniger tiefgreifend auf die religiös-politischen Grundlagen des alten China ein. Das kapitalistische Wirtschaftsleben machte sich auch in China breit. Eisenbahnen fuhren durch das Land und Fabriken reckten ihre Schlote zum Himmel. Männer aus fernen Ländern durchforschten, durch erzwungene

Pässe der Zentralregierung geschützt, Ebenen, Berge und Küsten. Christliche Missionare errichteten im ganzen Land ihre Missionsstationen und verbreiteten fremdartige Lehren. In all ihrem Treiben kümmerten sich diese Fremden weder um die Gesetze des Fengshui, noch um die Ruhe der Toten und die Anlage ihrer heiligen Gräber. Und es musste den Chinesen tatsächlich so erscheinen, dass die überirdischen Mächte, die den Chinesen so viel zu schaffen machten, über die Fremden keine Macht hatten, denn all die zahllosen Freveltaten gegenüber der althergebrachten Ordnung blieben ungesühnt. Auf alle Bitten um Hilfe gegen die Fremden blieben die Götter, Ahnen und Geister stumm. Die Unternehmungen der Fremden gediehen und die Chinesen, die sich in den Dienst der Fremden stellten, wurden von den Göttern nicht gestraft, sondern manchmal sogar reich und mächtig. Zudem war das im Verhältnis zu China kleine Japan mit Hilfe der fremden Mächte stärker geworden als das riesige, altehrwürdige Reich der Mitte. Allmählich sahen die Gebildeten in China ein, dass ihre traditionelle Kultur reformbedürftig war. Voller Bewunderung sahen sie, was die Fremden alles konnten. Auch der einfachen Bevölkerung war nicht entgangen, dass die westlich ausgebildeten Ärzte in den Krankenhäusern der Missionsstationen auch solche Krankheiten heilen konnten, gegen die man bislang völlig machtlos gewesen war.

In dieser Phase der kulturellen Auseinandersetzung kamen die Chinesen zu der Überzeugung, dass man von den Barbaren allerhand Nützliches lernen könnte. Chinesische Gesandte besuchten nun selbst die fremden Länder, um sich deren Wissen anzueignen und chinesische Kinder wurden vermehrt auf die Schulen der Missionsstationen geschickt. Noch aber hielt man an den konfuzianischen Grundsätzen fest. Chinesische Reformer schlugen vor, den Konfuzianismus innerlich zu erneuern, um wieder die Kraft der Väter zu erlangen und das wankende Reich auf den altbewährten, geistigen Grundlagen fester und haltbarer als jemals zuvor aufzubauen. Einige reformorientierte Kräfte gingen noch ein Stück weiter und wollten die einzig wahre Lehre des Konfuzius auch den Barbaren nahebringen. Auch diese sollten die unvergängliche Wahrheit dieser Lehre erkennen und dabei helfen, das erschütterte Gleichgewicht der Welt wieder herzustellen. Einer der Anführer der Reformbewegung, Kang-nou-wie, schrieb: „Bei uns wird in den wichtigsten Staatseinrichtungen auf das Wohl des Volkes keinerlei Rücksicht genommen, wir haben nicht die Grundsätze, das Volk zu schützen, zu fördern und zu belehren. Zwischen Thron und Volk besteht kein Zusammenhang, der eine ist alles, das andere nichts. Das steht im Widerspruch zu der Tendenz unserer Klassiker und darum sind wir schwach. (...) Die fremdartigen Religionen des Abendlandes haben sich jetzt hier eingenistet und erregen und verführen die Gemüter unseres Volkes. In den Provinzen stehen die Missionsstationen dicht beieinander, während in jedem Amtsbezirk nur ein einziger Tempel des Konfuzius vorhanden ist. Soll man da nicht schmerzlich bewegt sein? (...) Wenn hervorragende Männer den Konfuzianismus im Ausland verbreiten wollen, so sollen ihnen durch kaiserliche Edikte Ermutigungen, Auszeichnungen und amtliche Titel beigelegt werden. Der Staat soll ihnen mit Geldmitteln behilflich sein, und Gesandte und Konsuln sollen sich um ihren Schutz bemühen."

Der Staatsgedanke Chinas, so Kang-you-wei, müsse modernisiert und mit einem anderen Sinn erfüllt werden. Der Konfuzianismus sollte jedoch als religiös-sittliche Grundlage erhalten bleiben. Das Hauptziel der Reformbewegung war die Errichtung einer konstitutionellen Monarchie mit dem Kaiser als Staatsoberhaupt und einem Parlament, das über weitgehende politische Macht verfügen sollte. Darüber hinaus sollte China sein Selbstverständnis als Reich der Mitte ablegen und sich als gleichberechtigter Staat unter anderen Staaten verstehen. Nach einem Gespräch mit dem Reformer Kang-you-wei sagte der junge Kaiser über die miserable Lage der Nation: „Die Leute aus dem Westen gehen nützlichen Studien nach, während wir Chinesen uns nutzlosen Studien widmen. So hat sich die augenblickliche Situation ergeben."

Die Reformbewegung, die bei dem jungen Kaiser Kuang-hsü durchaus Zuspruch gefunden hatte, wurde jedoch rasch durch die mächtige Kaiserinwitwe T'zu-hsi unterdrückt. Die Kaiserinwitwe stand unter dem Einfluss reaktionärer und ausländerfeindlicher Kreise von Eunuchen und Palastbeamten. Im Jahre 1898 übernahm sie selbst wieder die Regierung und stellte den jungen Monarchen Kuang-hsü unter Arrest. Alle Reformen wurden unverzüglich widerrufen, die Anhänger des Kaisers verhaftet und viele von ihnen hingerichtet.

Der Reformer Kang-you-wei musste mit vielen seiner Anhänger ins Ausland fliehen. Die Reformbewegung im Sommer 1898 dauerte nur 100 Tage, war jedoch ein bedeutender Markstein in Chinas neuerer Geschichte. Hätten in diesem Jahr die Reformkräfte die Oberhand gewonnen, wäre Chinas neuere Geschichte wahrscheinlich sehr viel anders verlaufen.

Ungeachtet der Machtkämpfe und Palastintrigen in Peking waren gravierende Veränderungen im Land vor sich gegangen, die nicht mehr zu ignorieren waren. Zahlreiche im Ausland studierende junge Chinesen und die vielen Tausende, die in vornehmlich englischen und amerikanischen Missionsschulen ausgebildet wurden, erwarben nicht nur das Wissen des Westens über technische Fertigkeiten, sondern übernahmen auch die geistigen Ideen und Werte des Westens. Die philosophischen, religiösen, sittlichen, politischen und wirtschaftlichen Grundgedanken Europas und Amerikas übten Einfluss auf sie aus. Eine Generation wuchs heran, der die westlichen Ideen als schlechthin alleingültiges Ideal erschien, nach dem sich China orientieren müsste, wenn es in Zukunft bestehen wollte. Die neuen Ideen entfalteten erhebliche Wirkung im dahintaumelnden Kaiserreich. Vieles wurde natürlich nur halb verstanden, da die westlichen Ideen in vielerlei Hinsicht denen Chinas widersprachen. Im Hinblick etwa auf die Bedeutung und die Rechte der einzelnen Persönlichkeit, auf die völlig andere Einstellung gegenüber der Natur und die Auffassung vom Wesen des Staates gab es deutliche Unterschiede.

Den größten kulturellen Einfluss auf die chinesische Jugend übten die Amerikaner aus. Mit den USA als Vorbild bildete sich eine begeisterte Gruppe von jungen Chinesen, die den Sturz der seit 1644 herrschenden Mandschu-Dynastie und die Umwandlung Chinas in eine Republik anstrebte. Aber auch konservative Kreise waren mit der Dynastie nicht zufrieden. Ein Kind von drei Jahren war 1908 Kaiser geworden, dessen Vater, Prinz Tschun, eine schlaffe Herrschaft geführt hatte. Wohl hatte es seit 1903 einige Reformen gegeben, im Jahre 1910 war das erste Parlament einberufen worden, aber die Fremden hatten das Land immer noch fest im Griff. Vielleicht hätte eine allmähliche, die modernen Erkenntnissen und Verhältnissen berücksichtigende Umformung des alten Systems eine Chance gehabt, wenn man nach 1898 zielstrebig damit begonnen hätte. Aber als sich das Kaiserhaus endlich zu durchgreifenden Reformen entschlossen hatte, da war es bereits zu spät. Was dann folgte, war keine gelenkte Umformung, sondern ein katastrophaler Zusammenbruch des alten Systems. Im Oktober 1911 brach eine Revolution aus, die das Ende des alten China besiegeln sollte. Am 12. Februar 1912 musste das Kaiserhaus abdanken.

Das konfuzianische Religionssystem und die gesamte Volksreligion Chinas waren so unauflöslich mit der Institution des Kaisers, dem alten Beamtentum und der altüberlieferten Natur-auffassung verbunden, dass die Beseitigung dieser Einrichtungen das ganze religiöse System Chinas entwurzelt hat. In der Bevölkerung verursachte der Untergang des traditionsreichen, alten China ein geistiges Vakuum, das kaum zu füllen war. Nachdem der Kaiser abgedankt hatte, war nun kein berufener Mittler zwischen Himmel und Erde mehr da. Die hohen Staatsopferfeste am Himmelsaltar fanden nicht mehr statt. Auch die Opfer- und Gebetsriten, die in den kleineren Bezirken von Beamten durchgeführt worden waren, gab es nicht mehr. Kein heiliger Kalender zeigte mehr die günstigen Tage an und auch die Klassiker hatten ihre einstige Geltung verloren. Der Übergang zur Republik bedeutete eine Zeitenwende für China, denn er markierte den Einsturz eines stolzen, mächtigen Religionsgebäudes, das das Volk mehr als 2000 Jahre lang getragen hat.

Man darf sich allerdings den Zusammenbruch des alten China nicht so vorstellen, wie sich ähnliche Vorgänge in Europa abgespielt haben. Politik war in China nie Sache des Volkes oder Einzelner gewesen, denn alles politische Geschehen vollzog sich in den seit Jahrtausenden vorgegebenen Ordnungen. Die Leitung der Staatsgeschäfte ging das Volk nichts an. Die Bevölkerung hatte auch an den Vorgängen der Revolution keinen Anteil gehabt. Die Masse des Volkes hat vielmehr gar nicht gewusst, was vor sich ging und warum das alles geschah. Die Revolution war lediglich das Werk eines Teiles der kleinen, gebildeten jungen Oberschicht gewesen, die gegen eine energielose Staatsleitung mit ihren Truppen leichtes Spiel hatte. Durch das Eindringen der fremden Mächte und durch die neuartigen Dinge, die plötzlich das Land verändert hatten, war auch in der einfachen Landbevölkerung eine leichte Unruhe entstanden, aber das Volk war doch viel zu sehr an Gehorsam und Untertänigkeit gewöhnt, als dass es aus sich heraus zu Umstürzen bereit und fähig gewesen wäre. Immerhin hatte China, ohne unterzugehen oder sein Wesen zu ändern, bereits ganz andere Katastrophen überstanden als die Invasion der Fremden. Es ist daher kein Wunder, dass die Masse des Volkes auch nach dem Ende des konfuzianischen Systems weiterhin auf die althergebrachten Religionen und Traditionen vertraute. Der Glaube an sie war durch die neuen politischen Ereignisse wohl erschüttert, aber nicht völlig zerstört worden. Nach der Revolution waren in den großen Städten zahlreiche Göttertempel in Verwaltungsgebäude oder Schulen umgewandelt worden. Auch wurden Götterfiguren von eifrigen Erneuerern aus den Tempeln herausgeholt und zerschlagen, aber die Absetzung von Göttern und die Inthronisierung neuer Götter hatten sich ja auch unter dem alten System vollzogen. Letztlich jedoch konnte die Tatsache, dass die religiös-politische Grundlage des konfuzianischen Systems vernichtet war, auf Dauer nicht ohne tiefgreifende Folgen bleiben. Das Reich der Mitte erlebte nach 1912 Zeiten heftigen Umbruchs, es musste Bürgerkriege, Korruption, politische Demütigungen durch ausländische Mächte, entsetzliche Massaker und die Invasion der Japaner ertragen, ehe es schließlich im Jahre 1949 zu einer kommunistischen Volksrepublik wurde. Marx, Engels und Lenin lösten daraufhin in China Konfuzius als Leitfiguren ab. Aber wir sollten uns nicht täuschen, denn die chinesische Variante des Kommunismus ist bis in unsere Tage hinein mehr von konfuzianischem Geist geprägt, als es den Anschein hat.

Die heiligen Schriften Chinas

Die fünf King

a) Das I-King, das Buch der Wandlungen

Es entstammt sehr alter, vorkonfuzianischer Zeit. Konfuzius soll es überarbeitet und einen Teil der Erläuterungen hinzugefügt haben, die die Benutzung des Buches erleichtern. Das Buch gibt 64 Hexagramme vor, die aus geteilten und ungeteilten Strichen bestehen. Geteilte Striche sind dem Element Yin zugeordnet, ungeteilte dem Element Yang. Zur Befragung des Orakels werden traditionell Schildkrötenschalen oder Schafgarbenstängel verwendet. Die Befragung des I-King dient dazu, Antworten auf sittliche, politische oder andere Lebensfragen zu erhalten. Vor allem aber soll das Ergebnis einen Blick in die Zukunft gewähren.

b) Das Schu-king, das Buch der Urkunden oder der Geschichte

Den Inhalt bildet eine Sammlung von Berichten über einzelne denkwürdige Ereignisse, vor allem aber von Reden der alten Herrscher, die diese zu besonderen Anlässen gehalten haben und in denen sie die Tugenden der rechten Staatsweisheit darlegen. Der religiöse Aspekt des Buches ist bedeutender als sein historischer Inhalt. Ob Konfuzius an der Gestaltung des Werkes mitgearbeitet hat, ist fraglich.

Eine Passage aus dem Schu-king: „Der König Shun ging jeden Tag aufs Feld, um den barmherzigen Himmel und seine Ahnen anzurufen, und nahm jeden Fehler auf sich und bezichtigte sich selbst ihrer Bosheit."

c) Das Shi-king, das Buch der Lieder

Es enthält 1305 Gedichte aus der Zeit von 1500 bis 580 v. Chr. Konfuzius soll bei der Auswahl der Lieder für dieses Werk mitgewirkt haben. Einige wenige Gedichte haben einen religiösen Inhalt, eine größere Anzahl behandelt die Ahnenverehrung, die übrigen das Familienleben, die Schönheit der Frauen, die Liebe, Herrschertugenden und Kriegstüchtigkeit. Eine Passage aus dem Schi-king: „Es besteht eine innige Beziehung zwischen dem Himmel und der Nation, und wer sie in seinem tiefsten Innern entdeckt, ist ein echter Weiser. Der Mensch fasst in sich die Kräfte von Himmel und Erde zusammen. In ihm begegnen sich Geister und Götter. Deswegen ist er das Herz des Himmels und der Erde."

d) Das Li-ki, das Buch der Riten

Das Li-ki ist eine Lehre des Wohlverhaltens im Staats- und Privatleben. Besonders ausführlich werden die Trauergebräuche beschrieben. Der Überlieferung nach ist es vom Prinzen Tschou, einem Freund des Konfuzius, geschrieben worden. Eine Passage aus dem Li-ki: „Aufgrund der Moral finden Himmel und Erde im Handeln ihre Harmonie. Die

Jahreszeiten folgen ihrem Lauf, Sonne und Mond leuchten, die Sterne ziehen auf ihrer Bahn, die Flüsse fließen, alle Dinge gedeihen, Gut und Böse sind voneinander getrennt, Freude und Zorn kommen an der rechten Stelle zum Ausdruck, die Untergebenen gehorchen, die Höhergestellten sind weitblickend und alle Dinge in ihren Wandlungen werden vom Chaos ferngehalten."

d) Das Tschung-tsiu, das Buch der Frühlings- und Herbst-Annalen

Das Buch ist eine Geschichte des Fürstentums Lu, des Heimatstaates des Konfuzius. Beschrieben werden Ereignisse in der Provinz im Zeitraum von 722-481 vor Christus. Das Tschung-tsiu ist in wesentlichen Teilen von Konfuzius selbst geschrieben worden. Eine Passage aus dem Tschung-tsiu: „Die Vorfahren, die den spontanen, unverfälschten Volkscharakter bewahren wollten, fingen damit an, ihr Staatsleben zu ordnen. Zu diesem Zweck fingen sie damit an, ihr Familienleben zu regeln. Zu diesem Zweck pflegten sie ihr Innenleben. Weil sie ihr Innenleben pflegen wollten, bemühten sie sich um ein lauteres Herz und überwachten die Aufrichtigkeit ihrer Gedanken."

Die vier Shu

a) Lun-yü, Gespräche

Dieses Buch enthält Gespräche des Konfuzius mit seinen Jüngern, die von seinen Schülern gesammelt und zu einem Buch zusammengestellt wurden.

b) Ta-hio, die große Lehre

Das Buch Ta-hio ist eine Staats- und Familienlehre, die auf konfuzianischen Grundsätzen beruht. Es stammt aus dem 5. Jahrhundert v. Chr. und ist von mehreren Autoren verfasst worden, deren Namen nicht bekannt sind.

c) Tschung-yung, die Wahre Mitte

Dieses Werk, das von einem Enkel des Konfuzius mit Namen Tse-tse verfasst worden ist, schildert vorbildliches, tugendhaftes Leben.

d) Menzius, Lehrgespräche

Menzius (372-289 v. Chr.), in China Meng-tzu genannt, war ein konfuzianischer Philosoph in der Nachfolge des Konfuzius. Er verbreitete die Lehren seines Meisters und verfasste eine Staatslehre, die auf ethischen Grundsätzen beruht.

Aussagen westlicher Denker über Konfuzius

Johann Gottfried Herder, Schriftsteller

„Der Name Confucius ist mir ein großer Name, ob ich die Fesseln gleich nicht verkenne, die auch er trug, und die er mit bestem Willen dem abergläubischen Pöbel und der gesammten chinesischen Staatseinrichtung durch seine politische Moral auf ewige Zeiten aufdrang. Durch sie ist dies Volk, wie so manche andere Nationen des Erdkreises mitten in seiner Erziehung, gleichsam im Knabenalter, stehen geblieben, weil dies mechanische Triebwerk der Sittenlehre den freien Fortgang des Geistes auf immer hemmte, und sich im despotischen Reich kein zweiter Confucius fand."

Richard Wilhelm, ev. Theologe

„Kungtse ist kein Philosoph im europäischen Sinn. Nicht die theoretische Besinnung über die Gründe des Seins hat ihn zu dem gemacht, was er ist. Sondern er ist eine praktisch-schöpferische Natur. Sein Ziel war es, zu lernen wie man ein rechter Mensch werden kann, und da der Mensch nicht allein in der Welt ist, erweitert er dieses Problem zu der Frage, was zu tun ist, um die menschliche Gesellschaft zu der Ordnung zu bringen, die sie innerhalb des Weltalls einzunehmen berufen ist. Kungtse findet sich, wie jeder große Mann, in den

Verlauf einer geschichtlichen Entwicklung hinein-
gestellt. Und so gewinnt er sein Ideal aus der
Auseinandersetzung mit den historischen Zuständen,
die er vorfindet.

Die Welt musste er aufgeben. Die Gegenwart
musste er aufgeben. Nun wandte er sich an die
Zukunft, der er das Geheimnis überlieferte, wie
Kultur gebaut und gestaltet wird. So wird er der
große Sämann, der Schrift und Wort in den Acker der
Zeit sät, wartend, wann und wo der Mann erstehe,
der die Macht und Weisheit vereinige, um diese
Lehren zu verwirklichen und dann die Zeit der
großen Einheit herbeizuführen, da Friede auf Erden
herrscht und die Menschen in Ordnung kommen.
Das war seine Zukunftsvision. Aber er war hier nicht
der bloße Visionär, der Offenbarungen verkündigte,
die vielleicht an irgendeinem Ort und irgendeiner
Zeit sich verwirklichen, sondern er war auch hier der
Mann der Tat. So paradox es klingt: seine Tat war die
Literatur, die er begründet. Der große Schöpfer einer
neuen Weltkultur: er beschränkte sich und wurde
zum Begründer der chinesischen Literatur. Er wurde
Überlieferer, Schriftsteller, Lehrer.

Kungste war nicht nur eine Persönlichkeit,
mit der sich kühle historische Forschung abzugeben
hat, es ist nicht nur Modevorliebe für die Welt des
Ostens die ihn uns nahebringt, sondern seine
Probleme sind solche, die ihrem Wesen nach auch für
unsere Zeit höchst aufregend und wichtig sind, und
wir dürfen nicht an ihm vorbei, ohne uns mit ihm
auseinanderzusetzen."

Bertram Schuler O.F.M., kath. Missionar

„Entgegen manchen neueren Vorurteilen muss man Konfuzius doch Gerechtigkeit widerfahren lassen und anerkennen, dass er durchaus nicht der leere Formelkrämer war, als der er um einer späteren Veräußerlichung willen vielfach angesehen wurde. Ihm war es – so peinlich genau er es auch mit der äußeren Form nahm – doch immer sehr um den Gehalt der Formen, um die rechte Gesinnung bei jeder Handlung zu tun. Aus seinen Worten geht verschiedentlich hervor, wie zuwider ihm leere äußere Form bei den Opfern und im Verkehr der Menschen untereinander war. Immer ging es ihm um den rechten „Namen" der Dinge, um das Durchstoßen zum Kern und zum Wesen, zur Wahrheit der Dinge. Besonders sollte der Mensch zu sich selbst durchdringen, sich in seiner Beziehung zum Welt-Dao wissen und im uneingeschränkten Willen zu der Weltordnung in einem höchsten Sinne wahr werden. Darum lag es ihm jederzeit fern, in das Leben der menschlichen Gesellschaft durch gesetzliche Bestimmungen Ordnung bringen zu wollen. Nur die Gemeinen, die Menschen, die nichts von der Kraft des Dao in sich spüren und in ihrem Handeln sich lediglich von der Rücksicht auf Vorteil oder Nachteil leiten lassen, nur diese müssen von den Edlen zum rechten Verhalten gezwungen werden, wenn sie nicht aus sich selbst recht handeln wollen."

Karl Jaspers, Philosoph

„Die Beschränkung auf die Möglichkeiten in der Welt erwirkt bei Konfuzius seine Nüchternheit. Er ist vorsichtig und zurückhaltend, aber nicht aus Furcht, sondern aus Verantwortungsbewusstsein. Das Zweifelhafte und Gefährliche möchte er nach Möglichkeit meiden.

Sein Wesen wirkt hell, offen, natürlich. Jede Vergötterung seiner Person wehrt er ab. Er lebt gleichsam auf der Straße, als ein Mensch mit seiner Schwäche. Konfuzius ist in China das erste sichtbare großartige Aufleuchten der Vernunft in ihrer ganzen Weite und Möglichkeit, und zwar in einem Mann aus dem Volke."

Literatur:

Baedecker Verlag. China. Ostfildern 2006.

Bauer, W. China und seine Fremden. München 1980.

Cavin, A. Der Konfuzianismus. Stuttgart. 1985

Do-Dinh, P. Konfuzius – in Selbstzeugnissen und Bilddokumenten. Reinbeck 1960.

Eberhard, W. Chinas Geschichte. Bern 1948.

Englert, S. & G. F. Grill. 100 x China. Mannheim 1980.

Fitzgerald, C. P. Die Chinesen. München 1977.

Franke, H. Das chinesische Kaiserreich. Frankfurt 1968.

Gottschalk, G. Chinas große Kaiser. München 1982.

Granet, M. Das chinesische Denken. München 1980.

Mensching, G. Leben und Legende der Religionsstifter. Augsburg 1990.

Ruge, G. Begegnung mit China. Düsseldorf 1968.

Schuler, B. Altes Erbe des neuen China. Paderborn 1937.

Waley, A. Lebensweisheit im alten China. Frankfurt 1974.

Warner, M. Die Kaiserin auf dem Drachenthron.
   Würzburg 1974.

Witte, J. Die ostasiatischen Kulturreligionen.
   Leipzig 1922.

Wittig, H. Bildungswelt Ostasien. Stuttgart 1972.

Über den Autor:

Detlef B. Fischer wurde 1952 in Haltern am See geboren. Er studierte Design und Kunst in Düsseldorf und Münster. Ausübung von Zen-Meditation seit dem Jahr 1976. Im Jahre 1980 erhielt er in Paris die Ordination zum Zen-Lehrer „Sojo Bosatsu" durch den japanischen Zen-Meister Taisen Deshimaru. Nach dem Tod Deshimarus weiteres Studium bei verschiedenen Lehrern sowie Erfahrungen in Yoga-Praxis und Atemkunde. Im Jahr 1995 Gründung des "Zen-Instituts Münster e. V."

Schriftstellerische Tätigkeit seit den 90er Jahren. Als Autor beschäftigt sich Detlef B. Fischer vor allem mit asiatischen Religionen und mit fernöstlicher Kultur. Bücher von Detlef B. Fischer sind u. a.:

Neo-Zen / Grundzüge eines westlichen Buddhismus

Das Tao der Kunst

Die Reise nach Bagdad 1573-1976

Kleinere Schriften sind:

Bhagavad-Gita

Ashtavakra-Gita

Die Yoga-Sutren des Patanjali

„Pranayama" - Atem-Yoga für Einsteiger

You-Tube Kanal: **Neo-Zen . Detlef B. Fischer**

Zeitfracht Medien GmbH
Ferdinand-Jühlke-Straße 7
99095 Erfurt, Deutschland
produktsicherheit@kolibri360.de